透視霊能秘法書

石崎輝峯

米國
哲學博士　石崎輝峰師主唱
久重紫峰師編輯

透視靈能秘法書

印度哲學院藏版

序文

物質文化を基調とせる吾人今日の生活は一見甚だ壯麗であり、愉快であり猶且つ便利至極である。

十八世紀末から突如として勃興し始めた科學の發達は今や始ごその黄金時代を現出し、其の光輝は燦然として全世界に輝きわたり、吾等も又直接間接これが恩惠に浴することの甚だ深きを痛感し感謝する次第である。

だが然し此の外觀絢爛なる物質文明の實体を心靜かに覗ふごき慄然ごして不安ご恐愕に戰き肌に粟するを禁じ得ぬものがある。

便宜幸福の底には不安あり、享樂の裏には頽癈ありて、物質のみに執着眩惑されたその結果、純眞無垢なる精神結合体よりなる人生、社界、國家を忘れ遂に眞個の安心幸福を取り逃し、荒寥たる天地にのみ徒らに彷徨しつゝある寂しき姿を何と見る。

世相生活の華美壯麗となればなるだけ、人の心は荒みゆき、爭鬪、浮薄貪慾、憎悪、詐僞、恐怖、焦燥、嫉妬、不安、悲哀等の毒蟲が次第々々にいはゆる文明人の心を蝕ばみゆき潰滅の淵に導きゆくの實相は恐しさも歎かはしとも實にいふべきやうもない。

されぱこそ吾人は茲に奮然として立ち、鞏固なる人生、壯快にして健實なる安住社界の更生確立を企圖し、一刻も速かに此の怖るべき潰滅の淵より免れるべく適當なる手段を盡し、努力邁進しなければならない。即ち強壯なる身体、牢固たる精神を吾等に復歸せしむるの以外に、此の破局を救ふべき何等の策も方法もない。まさしく世界は最早や深く此の点に氣付いてきてゐる。

勇猛果敢なる獨逸のナチス精神の勃興、伊太利のフアッショ、英國の東洋哲學の研究熱、皇道に還れの日本精神の作立等、明かにこれらは世相の轉換を意味するもので、浮薄の世界を再び健實に、物質から精神に、マテリアリズムからスピリチユアリズムに、ジヤズから雅樂に、華々しく壯重なる轉入を實現せんとする悦ぶべき現象なりといはねばならぬ。
精神の善導なき社界に於ける物質は、百害ありて一利なし、當院は此の意味に於て、常に靈界精神界の研究に精進し微力ながら眞面目なる探究者を以て自ら任じてゐるのであるが、本書は此の精神界研究の一手段として本院多年實驗の結果得たるところの透視透覺の修得方法を講じ靈的奇蹟の体得を緯とし、健實なる精神修養を經として、述者も、讀者も共に人類として崇高にして絶對なる境地にまで進みたいといふ念願の發露に外ならぬのである。

昭和十三年二月二十日

印度哲學院執事記

◈精神修養は三度の食事と共に必要なり。本術修練は更に必要にして偉効あり

◈電波は受話機に於てのみ感受され、靈波は本術の修得者に於てのみ感受さる

◈太陽の光をレンズを以て之を一点に集中せば高樓をも焦す大火の源となる。精神の集中統一されたる場合の偉力又然り

◈心靈研究は人生酵化の努力であり、怠らざれば遂に窮極の扉は開かれん

目次

目次終

例言

一、本書は透視術を修得する人のために、その方法を傳授する秘書である。今日まで透視術に關して公開せられた著書は數種あるが何れもみな、たゞ術者の術を試驗した學者の實驗錄にすぎない。如何にせば本術を習練し体得なし得るやといふ根本方法の說明傳授をなしたるものに至りては殆ど皆無ともいふべき狀態であつた。本書は他人の實驗を記して能事終れりとするものではない、ひたすら本術研究者に對して必ず修得せしめんとする述者自らの熱烈なる指導誘發、方法傳授がその目的である。

一、本書は學界、政治界等に數多の實驗及び豫言を呈し、透視透覺に習熟したる石崎師自ら苦難を忍び、体得して得たる貴重なる經驗によつて、容易に修得しうる秘法を發見し之を記錄したものである。

一、本書は研究者がなるべく速かに修熟するやう、其の方法の傳授をもつて最大の目的としてゐるから、餘り學術的な理論講述は之を省略してゐる。

一、本書は作術方法を授くる前に、一應簡單な原理說明と各國に於ける狀勢記述を付け加へておいた。之は各國の盛んな研究を知つてもらつて諸士の發奮を促し、併せて確信を保持されんことを希望すると共に、先づ習練前に多少なりとも原理を知り、心的狀態を本術修得に最も適合せしめ、その奏効を速かならしめんがためである。

一、本書を研究すべき諸士の心情に願あり。疑念と不眞面目とは絕對に之を避け眞劔と熱神と信憑とを以て修練されたきことである。然らば必ず本術体得敢て保證する次第である。疑念は花を散し、信憑は實を結ぶ。（巻末の當院生の本術体得に關する禮狀及び經過報告の一例を參考せられたし）

一、本書に講述せる方法を實習して旣に多數の本術体得者を出しおれば精神に欠陥なき限り何人と雖も必ず体得す。此の点絕對に信用して習練に取掛かられたし。

第一編　透視術の概念及び其の發源

第一章　透視術の概念

透視術とは肉眼で見ることの出來ない位置におかれた物体或は事象を一種の精神力によつて直視する能力發現方法をいふのである。

マックスウエル博士の定義によれば、「或る人々の有する自發的又は物体を介して、未知の事物及び人物、或は遠距離にある事物及び人物と交通する能力」をいふのである。

例へば函の中に入れて密閉せる銀貨を視たり、對坐してゐる友人の今考えてゐることを感應したり、遠地の父母の現狀を知つたりするが如きが其れである。

猶ほ分類によつては、他人の精神狀態を知るのは感應道交によるもの、或は讀心術に屬するものとなし、遠地の狀勢を知るのは千里眼の作用で、近距離におかれたる物体を不透明体を通して視る現象をのみ透視術と稱するものであるとの說をなす人もある。

然しながら其の本來の能力に於ては決して異るものでなく、近距離透視に習熟すれば必ず同じ狀態を以て遠距離透視も可能である。要するに基本能力を發現しさへすれば、是等は何れも其の應用として修得實驗なし得るものである。別言すれば我々人間の五感以外に、いはゆる第六感が修練によつて刺戟せられ活動を開始した現象を指していふのである。

第二章　我國に於ける透視術の發達

我國において透視術が果して何の時代に起り、又ごんな功蹟を現はしたかといふことに就ては明瞭に知ることが出來ない。何んとなれば本術に類する事跡を記した古い傳記のやうなものは、種々あるが餘りに杜撰にして信ずるに足るものがないからである。

しかし平安朝時代に巫子の口寄と稱せられて今日の透覺術の一法で靈媒の現象を現はして幽界の消息を傳へ、又豫言などを行つたことも事實らしい。

その後、天眼通といふ名稱で、物に蔽はれたもの、遠隔の事物を見る方法、知他心通といつて本術類似の方法等が發見され、次第に發達したことは既に確實なる文献によつて知ることが出來る。

次に佛教隆盛時代に入つて靈的研究が俄かに勃興し從つて本術史上にも一新面目を開くことゝなつたのである。

◇佛教の隆盛と透視術

佛教の我が國に移殖せれたのは遠き蘇我、物部時代で古い歷史をもつてゐるが此の思想傳來によつて精神的開發の上には一大革命期が創造され從つて之を楔期として精神活動の研究に志すもの漸く多く、その派生的所産として心靈術を行ふ術者も隨所に現れ俄然として異常の發展を遂ぐるに到つたものである。

佛教布教の祖師によつて啓發されたことも無論である。彼の最澄、空海、親鸞、日蓮等の祖師高僧は、各々競つて彼のいはゆる奇蹟を現出したのであつた即ち佛教では「羅漢は見思惑を斷じ盡す、三界の生死を受けず神通を得」といふので即ち凡ての煩惱を拭ひ去り、大悟徹底の域に立ち至つて始めて通力を得るといふ意味で、是は佛教の訓へに就て說明されたものであるが實の所、いはゆる大悟徹底の靈域に這入るには容易の業ではない。

即ちその前提として多年の難行苦行を必要とするのであるが今吾人の本術修練には敢て此の難行を必要としない。何となれば佛敎の修行は名僧知識となるのが目的であり奇蹟現出は其の副産物たるに過ぎないのであるが吾等は今その反對の針路を進み、先づ靈能出現法を修して作術を体得し、ひいては偉大崇高なる精神力の穫得、人格の向上に及ぼさんとする逆コースを取るからである。従つて本法の直接的靈力出現の方法修得は、彼の祖師大家の奇蹟修得に比して遙かに徑捷なりといふべきである。

佛敎の普及を劃期として本術の普及發達は斷然面目を一新したが其の後、忍術といひ、秘術といひ、妖術と恐れられ、神がゝりなどと時代々々に名稱が變り、術の優劣消長の差こそあれ一貫して常に研究せられ、術者は引つゞき出現しつゝ今日に至つたのである。

さて近代に至つて科學的研究法の進歩に伴ひ特にいちじるしき發達を遂げる順序となつた。

◈近代の透視術

明治四十年頃、御舟千鶴子、長尾幾子等の實驗が一度當時の新聞にて報道せらるゝや、將に學界の驚異として、社界興味の中心として喧しい問題となり、一大センセーションを卷き起した事實は、今壯年諸士の古き記憶として思ひ出さるゝところであらう。

當時の學者は爭つて俄かに研究を初め、世間は今更の如く驚愕の眼を見張り新聞は次々に新事實を報道した。

此の際某々理學者が此の神祕的靈力を理化學的解釋に當てはめんとして種々の實驗を行ひ研究努力に傾倒したが、遺憾ながら當時の理學を以てしては遂に合理的解釋に歸結することを得なかつた。それ故、某々理學者の偏狹なる心事から、未完の科學を唯一の牙城として此の嚴存する事實にさへ、一種の迷妄、然らざれば欺瞞てふ屈辱の汚名に包みて葬り去らんとしたのであつた。是れに對して心靈研究者の烈しき反駁を呼び學界史上に於て目覺しい一大爭鬪が勃發し華やかなる場面が展開したことであつた。

この當時新聞に發表せられた術者は、たゞに御舟、長尾に止まらず、眞鍋、栗本、鹽崎、藤本等々數十名の多きに達してゐる。然らばかやうな術者は此の時代のみに限れる持產物であつたらうか、否々常に本術の体得者は無數に存してゐるのであるがたゞ當時新聞が事新しく報じたまでのことである。

今日では諸種の科學者も此の現存する事實を冷靜に見て眞摯な態度をもつて研究し合理的說明を加へ惹いては本術の助成に努力しつゝあるのである。

我國における發達の順序は大略右のやうな系路をたごつて來たのであるが、外國においては更に其の發源は遠く古く研究者も叉甚だ多きを數へてゐる。

第三章　諸外國に於ける透視術の發源と現狀

一、外國に於ける透視術の發現

古昔、バビロンの王宮に當時の大王ベルシヤザルが諸國の王侯を招いて盛んな宴會を催した。宴酣にして歡樂極まれるとき万燈の照り輝く大王正面の壁に忽然として手が現はれ、それが自然に動いて Neme. mene, tekel; upharsin ネメ、メネ、テケル・ウフアルシンと書き現はした。此の不思議な現象に恐れをなした大王は當時の心靈家ダニエルを召して不思議なる壁面の該文字を判ぜしめたのである。

靈感によりてダニエルの判じた意味は即ち「數へたり、秤りたり、而して分つ」といふ文意にて、神は驕慢にして奢れる大王の末路を暗示して汝の治世を數へ、も早や終焉に近きを示し、汝の重さの既に失ひたるを秤り、而して汝の國は分列して亡ぶといふ意なれば今にして王の猛省を促さざれば國亡ぶ」といふのであつた、

右の例の如く西歐文明の發源地たる古代の埃及、バビロニヤに於て既に降神術と唱へられて神靈と交通した事實が傳へられてゐる。

印度に於ては三千年以前に正確な術者が現はれ、支那では古く葛洪、希夾などの術者が現はれてゐる。其の後各國共に絶ゆることなく時代の進運と共に心靈學が發達し、恰も我國の德川家康時代の天海僧正が本術に練達し、今日の上樣は斯樣々々と遠く離れて將軍の動靜を近侍の坊主にいちく透覺して傳へ、

家康が駿府で死んだとき直ちに覺知して慌しく山門を走り出て、駄馬を雇つて眞先に千代田城に駈つけて諸大名を仰天せしめた事實がある。

その時代に西洋では瑞典にスイデンボルグといふ有名な神秘哲學者があつた此の人はストツクホルムに住んでゐたが或る時カステルといふ紳士の招待を受けて自分の住所より三百哩も隔つたゴツテンブルヒといふ所に旅行し十五人の客と共に其の紳士の御馳走になつてゐたが午後六時頃、彼は突然不安に堪へざる色をなして『今ストツクホルムに大火がある。私の友の家も燒けた、私の家も危い』といつた。席にゐた一同も呆氣にとられてゐると暫くして『あゝ漸く鎭火した、自分の家の眞近で消し止められた』と安心の樣子であつた。三日目の朝果してストツクホルムから飛脚が來たが其の通知は全く哲學者の語つた通りであつた。

二、盛なる現代歐米の透視術

歐米近代の心靈術の研究は汪盛を極め、米國ミシガンの人、チヤールス、ベーメーの偉大な靈能者を筆頭して幾百幾千の靈術者がおり、佛國のマリー夫人以下數多の術者がおつて夫々面白い實驗を提供してゐる。學者の實驗研究を受けず從つて廣く社界に傳へられてゐない術者は各地到る所、無數にゐるが、多數の學者の實驗公表により廣く天下に知られてゐる各國の術者の實驗例の中から少しばかり次に摘記して諸士の御參考に供しやう。

一、諸威人エミール・クタードセン大盜賊を捕ふ

歐洲全土を騷がせた大賊テンネーゼンを捕へるためにスタワンゲル警察の大努力も彼の神出鬼沒には全く手を燒いてゐた。此の時クタードセンは一枚の地圖を取り出し指頭にて大賊の逃走した方向を示した。警官は半信半疑にて示されたる方面を搜索して遂に巨盜を逮捕し贓品を沒收する事が出來たクタードセンの名は學者間に喧傳され透覺研究會員は臨時會を催し、彼の水際立つた百發百中の透覺的中に舌を卷いて驚いたのであつた。彼は又兩眼を布にて掩ひ汽船の船首に立つて水先案内をなし數百の船の間を縫つて見事にコーペンハーゲンの港の口港まで進行した實驗もある。

二、印度行者コビンダサミーの實驗

印度では行者のことをファキーアといふが、コビンダサミーは種々の奇蹟卽ち心靈術を行ひ得るが或る時印度のチャンダーナガー裁判所長ルイ、ヤコイヨー氏が彼を實驗した際、彼は金盥に水を盛り其の前にひれ伏し種々の透覺實驗をした後、終には重い此の盥を手も觸れずに前後に動かし、且つ色

々の音を發せしめた。

三、透視家リーセ地中の石油を敎ゆ

リーセはポーランド生れ米國に渡つて住んでゐたが、此の術者に對しては米國の學者、ノッチングシュレンク、マックスウエル、カーリントン等の有名な心靈學者が實驗した。リーセの數々の實驗のうち最も得意とするものは地中の透視で、地中の水の出る所、石油の出る所は百發百中の適中率を示してゐる。

彼の有名な發明王エヂソンも彼の實驗に掌り Keno と書いて袋に入れ彼の面前においたが直ちに之を透視した。

四、ドクトル　アールの石盤記錄

アールは米國ロサンゼルスに住んでゐるが時々米國各市を實驗して回つてゐる。この人は透視もやるが特に一種の靈能を以てなし得べきスレート、ライター（石盤記錄）が最もその得意とするところである。

何も書いてゐない石盤二枚を合せ、その中へ自然に未知の事實を書きつける術である。吾國の心靈學者の一權威有馬氏が大正十五年シアトルでアール氏の實驗をされたが、此の席上、アール氏は封筒内の文字を透視し幾百と實驗したが鮮やかに透視適中したとのこと。

有馬氏が亡き令孃『マス子さんの消息を訊きたい』と紙片に書き之をポケットに入れて氏の家に行

つた。室に入つて氏と挨拶をし來意を告げた。暫くしてその二三間先に合せた二枚の石盤と其の上に石筆とがおかれてゐのるを取出し中を開いてみると明かに日本字にて『親しき父上よ、私は死後幸福に生活してゐます。父上は日本に歸りたいやうですが、お歸りにならぬ方がよいでせう』と書き現はされてゐた。實に鮮やかな實驗である。

次の實驗では日本人の名を書き文中の內容も驚くべき適中を示した。その次の實驗は有馬氏自ら兩手をもつて其の石盤を固く握つてゐたのに拘はらず、開いて見ると赤や青で花が書かれてゐた。

此處で寸言諸士に注意しておきたいのは直接筆記（ダイレクト、ライチング）と自働筆記との區別である。自働筆記は手に石筆を持ち石盤の上に手を乘せ、而して無我の境に入つたとき自働的に手が動いて文章などを書くのであるが、直接筆記は石盤の上に白墨をおいておくと數分の後にその石盤の上に文章なり畵なりが現はるのである。函の中へ石盤と白墨を入れておいてもやはり文章などが書かれてゐる。

ドクトル、キピエル　ステイトン、モーゼスローマリス等も達者なライターである。

五、　ミス、キヤスリン　ゴリハーの靈音實驗

クキンス大學工科の講師、クロフオード博士はキヤスリン　ゴリハーといふ當時十七歲の娘に就て實驗したが、此の娘は靈能によつて何等手を出さずして種々の音を發せしめ、立會の何れの人にも明瞭に聞かせるのである。

叩音の實驗、特色ある音の實驗をなし或はマッチを擦る音、人の足音、馬の歩む音を聞かせ、手を觸れずにピアノを鳴らせる實驗もなか〳〵鮮かである。

六、ユーサピアの實驗

此の實驗は一八七〇年時代のことで少し古いが、いやしくも心靈學を研究するものは必ず知つておかねばならぬほど有名な實驗例の一つであるから持に之を左に略記する。

歐羅巴で名高い佛國天文學者フラマリオン敎授と、ロンブソウ敎授が周到なる用意を以て精細嚴重なる實驗をした彼の有名なるユウサピア、パラチノといふ女靈能者による心靈術の數々である。

所はネープルス。パラチノを一室に入れ、一個のテーブルの前に坐らせロンブソウ氏と他の一人が娘の左右の手を捕へ持ち、又他の人々はその娘の足が机に觸れないやう充分の用意をした。

暫くするとそのテーブルが、ゆるやかに動き始め次第に烈しくなり遂に床を離れて浮上つた。敎授は兩手を以て卓子を押したが依然として空中に懸つてゐた。此の奇しき現象に會合の學者等は甚しく驚かされたのであつた。

次の實驗では術者の左方三尺の所に丸卓子をおき、其の上に十オンスの鈴を安置し、之を多くの實驗立會者が取圍んで坐した。暫くすると鈴は空中に上り會合せる人々の頭上を鳴りながら飛び回り一周して元の位置に靜止した。思ひもよらぬ此の現象を見て人々は只呆然としてゐたがロンブソウ敎授は更にもう一回實驗するやう希望した。數分の後鈴は再び飛び回り喧しく卓子を叩いたりした。此の實驗中教授は常にユーサピアの兩手を握つてゐたが、教授の頭髮を引上げられ、已むを得ず暫らく立つてゐたがそれでも手なぞは少しも見えなかつたそうである。

その他バワリヤの田園娘ノイマセンは米國心靈現象研究會によつて實驗されたが、現代の奇蹟として汎く歐米に喧傳されつゝある不思議現象を起し、嘗て重病に臥したときなど病やゝ癒へた或る日、床中にて或る光を見、その光が、立つて歩けと告げた翌日から自ら衣服を着て立つて歩くことが出來たのであつたミス・クツクといふ女學生に就て英國學士會の會長クルツクス氏の實驗、キユーリーの實驗等々、相當有名な近時の靈能者によつてなされたる實驗だけでも數百に達し、之に夥しき我國の靈術者の實驗迄も追加すれば優に數百頁を要するから大略以上に止めておく。

要するに今日に於てすら猶ほ透視靈能を以て一種の欺瞞なりとする誤れる偏見より脫し、疑ひの夢から覺めて貰へばそれでよいのである。

諸士は必ず斯る靈能の嚴存することゝ修練さへすれば何人もその能力に於てこそ多少の强弱はあれども必ず發現すべきことを信じて然る後、後章の方法を實習して貰ひたい。

それがため、くごいやうだが次項に於て現代の學者は本術に對して如何なる見解を有してゐるかを一言付加へておきたい。

第四章　透視術は何人にも可能なり

總て如何なる事を成就するにも、逡巡疑心をいさゝかにても胸に宿してゐる間は到底その成功は不可能である。

殊に斯る神祕的事象においては先づ何を措いても信ずるごいふこごが大切な成功要素である。透視術なごは一種迷妄の沙汰にして、かゝることの有り得べき道理なしと、曾ては一部の學者から輕卒なる斷定を下されたことがあつた。

だが透視術は本來、人性本能の一として何人にも可能なのである、此の點に就ては後章の原理に於て詳述するが諸士の疑ひを散じ一層信念を强からしむるために今左に有名なる諸學者の聲を聞かう。

一、吳　秀　三　博　士（醫學者）

透視術は可能なり。心理學に於て研究すべき問題ならん。されど腦の組織が變化するならば醫學上よりも研究しなければならぬ。人間の五感以外の感覺ならば動物學方面よりも探究し、ラヂウムの作用が含まれてゐるなれば物理學方面から研究すべきである。科學的研究は是からだが最早や疑ふべき餘地はない

二、丘淺次郎博士（動物學者）

動物や昆虫の中には、何か危險に會ふとか繁殖行爲の際などには、吾々人間の精神活動を基調としての想像では思ひも及ばぬ不思議な能力を現はすことがある。彼の尾長蜂は樹木の幹の中に潛む一種の小蟲の身体内に卵を產みつける習性を持つてゐるが、さて樹幹の奥深く隱れたる小蟲が果して何處に居るや、如何にしてその潛在場所を知り得るのか全く不思議な能力を發揮するものである。尾長蜂には銳敏なる嗅覺でもあつて幹中の小蟲を嗅ぎ當てるのではなからうかと遠く上部にあつた蟲の穴を密閉して實驗した。それでもやはり蟲の居所を知つて幹の外から長い尾を差込んで產卵した。鳩は眼かくしをして籠に入れ遠地に運んでも放てば再び元の巣に歸る。

吾等人類から見れば隨分不思議な靈力に思はれる。學者は之を動物の本能と稱へてゐるが、このやうに動物には隨分不思議な事實が澤山あるから、人間だけを對照とした從來の心理研究によつて知り得た以上の事象が現はれたとて、それは正鵠を得ざるものとして一概に拒否するやうな偏狹な態度では決して本當の研究はむつかしい。すべからく赤子の心を出發點として研究すべきである。人間が時によつて五感以外の能力の現はれることもあり得べきことである。從つて精神科學の向上進步を計り今少し判然た

る釋解を下すやうに努力せねばならぬ。

三、福來友吉博士（心理學者）

透視術の存在は明瞭にして而も可能なり。但し此の研究は、從來の五感を基礎とせる心理學では說明不可能である。更に超越的の心理新學說によつて說明されねばならぬ。此の能力は Mental Possibility（潜在精神）が或る機會に遭遇して發現し斯る現象を起すものである。

四、大澤謙三博士（醫學者）

透視術の科學的解釋は未完であるが多分メスメルの唱ふる動物電氣に依て說明せらるべきものならん

五、井上哲次郎博士（哲學者）

現今の科學ではまだ充分なる說明は出來ない何れ哲學上の問題ならんも、哲學としても普通の哲學ではなく超越的精神力であるから靈的方面において說明するより外に途はない。

六、リシエ教授（巴里大學教授）

心靈術の事實が甚だ不思議であつて、その實驗が一般科學的定說と往々衝突するやうに見えるので是等の現象の肯定に對して強く反對する人もあるが、是は新しい思想の運命であつて斯樣な批評によつて動かされるべきものではない

七、ウイリアム、ジエームス教授

唯物論は心靈現象を默殺せんとしてゐる。けだし是等はまさに眞理の反逆人である。新現象を檢討することそ眞に眞理を愛する學者の正しき態度でなければならぬ。

八、エドモン、ブルータン博士

心靈研究に對しては先入の偏見をすてゝ吾等の眼前に現はるゝ一切の現象を觀察せねばならぬ。眼に見えざる存在物の明かに現存することを結論すべく、事實は之を權威づけてゐる。

九、英米兩國の一大心靈現象研究會

歐米諸國の碩學の組織する心靈研究會は今日熱心に是等の事實を探究し、實驗し、或は實習し練習し多大なる貢獻を寄與しつゝある。此の會員は數萬人を數へ、美術家もおれば天文學者もおり、實業家もおれば、官吏もおる。あらゆる階級あらゆる職業の人々が心靈研究たる一ヨ標を目指して、一つの傘下に渾然として集り互に腹藏なく忌憚なく、研究し修練なしつゝあるの光景は誠に愉快であり壯觀であり且つ羨しき限りである。以上の如く本術の可能なる點に於ては最早や何等の疑問もない。たゞ決定的の原理學說が完成されてゐないといふだけの事である。

人の將に死せんとする臨終の際、一眼會ひたいと思ふ親や兄弟に、その一念が通じて自分の姿を見せ遺言を聞かせたりする實例は無數にある。即ち天壽終らんとする瞬間には既にあらゆる雜念や慾望や焦燥が姿を消し、心鏡一點の曇りなく玲瓏清淨なる一念が凝つた結果、平常においては思ひも及ばなかつた靈力が、突如として活動を始め、遠地の人に自己の意を傳へ、姿を現すことが出來たのである。言葉を換へていへば斯く淨玻璃の心境を作りさへすれば誰しも勝手に此の現象を起し得るのである。此の不思議の境地を、現在壯健のまゝ、何時でも容易に作る方法を傳授するのが本秘法書の持つ唯一の使命なのである。

第二編　透視靈力發動の原理

普通精神以上の靈能を發現せしめて、いはゆる奇跡を行ふといへば、一寸珍らしく感じるところから自然誰しもなかなか困難な業であらうと喰はずじまひにあきらめて了ひ、かやうなことは既に先天的にそういふ特殊の性能をもつた人のみの行ひ得る除外例の現象に相違ない、卽ち日蓮や親鸞の如き高僧知識でなければ出來ない困難な業で、普通の人間には先づ不可能、且つ無理な注文であると定めてゐる人が甚だ多いが、それはまさしく大きな誤解である。本院の會員にしても、初めから自然的に靈能の發現した人は殆どなく、入會して研究習練してゐるうちに漸次に心靈の覺醒誘導を起し遂には必ず、何か特殊な普通以上の能力が發現して來るものである。此の多數會員の實跡を見ても、決して一般の人が考えてゐるほど左樣に困難な事實でないことが斷言出來る次第である。

しかしながら唯勝手に、順序も踏まず適當な方法も行はずして只徒らに靈能を出そうとしても、それこそむつかしい注文であつて必ず失敗に終り、失望の內にやめてしまふことになるのは當然である。そこで本書に說く所は多年自分が實習して見て是れならばといふ多少自信ある方法を述べ諸士に傳へて練習して頂きたいつもりであるが、既に多數の人々によつて實地に練習せられ可なりの實蹟を擧げてゐる方法であるから必ず諸士に於ても相當なる効力を發し靈能發現を見ることは信じて疑はぬ所である。さて先づその方法を述べ實地に練習にとりかゝる以前に靈能發現上大切な確信を保持して貫ひたいために我等の普通精神活動の其の奥には誰しも先天的に靈能なるものを潜在保有してゐること、又是れに適當な刺戟を與ふれば必ず、深き眠りより醒めて活動し初めることの大略を述べて諸士の奮起を促さう。

第一章　靈能は自然の賜物である

心靈能力は吾々人類には自然に與へられてゐるものであつて、靈能發現といへども何も別に作るものでもなく、又新たに創造するものでもない。我等人間には天與の惠として自然に備はつてゐるのだが只普通狀態の場合では其れが深くかくれて活動を起さないまでのことである。

即ち我々人間には視る、聽く、嗅ぐ、味ふ、觸はるといふ五感があり、此の五感を基調として成立つところの心の働きを、普通にこれを精神作用といはれてゐる。されど詳しく精査すれば更に是れ以外に第六感なる名稱のもとに微妙なる機能をなす今一つの感覺の潜在することが發見される。ちやうど光線を分解して紅、橙、黄、綠、靑、藍、紫の七色以外に更に赤外線、及び紫外線といつて普通我々の眼では見ることのできない光線があり、我々が太陽に照らされて肌の黑くなるのは此の紫外線の作用であり日陽ぼつこに暖をとるのは赤外線の恩恵である。其の化學的作用の烈しいことは彼の七色を陵駕すること數等である。これと同じく我等人間には五感以外に第六感があり、且つ其の作用も五感以上に高尙微妙なものであつて、是れを基調として働く一種の精神作用を潜在精神といひ、いろ〳〵の不思議なる作用をなすものであるが、平常では心の奥殿に潜んで動かず、長夜の眠りに就いてゐるものである。而していはゆる强烈なる心靈發動といふのは全く、此の潜在精神の俄かに目醒めて盛んなる活動を開始したときの現象をいふのである。

されば靈能發現といつても、全然ないものを新に作るのではなく、既に存在はしてゐるが唯だ、かくれて眠つてゐるものを表面に出し、眠りより呼び覺ますまでのことである。

それならば、かゝる能力の既に潜在して自然に保有してゐるといふことは何うして判るか、といへば其れは先天的に靈能を發現しつゝある數々の例證が是れを證明してゐることによりて知り得るのである種々の感應力や透視能力を最初から持つてゐて、箱の中の物品を知つたり他人の心を讀んだりする先天的の靈能者が世間にいくらもゐるといふ事實に徵しても判ることである。是等の人は別に、苦勞し工夫して體得したのではなく、自然にそういふ能力を初めから持つて產れたのであるから、決して後天的、人爲的といふことはできない、全く自然から本能的に附與された性能なりといはなければならぬ。即ち深所にあるべき本能が偶然表面に現はれたのであつて、深海の暗礁が何かの都合で海面に現れたまでのことである。

更にかく最初から能力の自然に出てゐない人、即ち何かの都合や偶然に依らなかつた人々でも身體的精神的の兩方面から適當な作術を練習してゐるとやはり何等か特殊な能力が必ず出て來る事實を見ても既に其の胚種が體內の何處にか存在してゐたことを確認することが出來る。即ちかくれた第六感に人工的の刺戟を與へて眠から呼びさますと、これが出て來て面白い活動を開始するのである。前にもいつた確信を更に強く持つて貫ひたいから、もう少し歩を進め「我等人類は何人も靈能を保有す」といふことの證據をあげて說明したい。

第二章　太古の人類と靈能

大昔の人間界には隨分發達した靈能が發現してゐて、日常生活に是れを利用してゐた形跡が明かである。大昔には言葉なるものが存在せず其の當時に自分の意思なり思考なりを他人に傳へたり、人の意志を知つたりするには何うしてゐたかといふに、無論今日吾等の用ひてゐるやうな行屆いた言葉がなかつたから他の一種の特別に發達した感能を以つて是を補つてゐたのである。即ち古昔の人類が、自分の意志を發表する方法としては、鳥や獸のやうに唯、ピーとかキャーとか實に簡單至極な發聲と、それから顏のゆがめ方、眼の動かし方、或ひは手脚の運動等誠に簡單な道具方法ばかりであつた。そんな不完全な方法を以つてして可なり複雜な意志を互に通じ合ふことの出來たのは其の間に特殊な感應作用が行はれてゐて、是れを助けたからである。今日研究せられてゐる讀心術なぞは却つて昔の人には普通の感覺として保有せられゐたのである。

其の後、人間の知識が發達して、漸次高尙な智能の働きが加はるにつれて、言語なるものが著しく發達し、今日のやうに重寶便利なものとなり、隅から隅まで精細に充分に、自分の意志なり思考なりを他人に判然と傳へ得るやうに進步した。そうなれば何も特殊な感應作用がなくとも事は濟む。其處で言葉の發達するにつれ、感應力は次第々々に衰へ始め、終に昔の遺物として心の奧底にひそみ穩れたと見るべきである。猶一般に文化の進步、科學の發達は、感應作用を衰へさせた最大の原因である。今でも田舍の山間に住む人や、濱邊の漁師なぞは殆ど本能的に、自然的に明日は晴天だとか雨天だとか、暴風が來るなぞと何とはなしに前知して常に適確に言ひ當てゝゐるが、文化の發達した都會に住する人では、毎日科學的觀測による測候所の豫報にのみ依賴して別段自分で知る必要もなく、從つて天候の變化に伴ふ或る種の現象を知覺し其の前兆に感ずる能力に衰頽を來たし自然天氣を豫測することが出來なくなつてしまつたのも又已むを得ぬ次第だが凡てがこういふ傾向に進み、次第々々に靈能作用を減退させてしまひ科學の進步と反比例に其の機能は益々退步の一途を辿つたのであつた。

しかし科學といつても範圍が廣い、こゝでいふのはいはゆる物質科學のことである。近時漸く勃興の機運に向つて來た心靈科學が更に一段の向上普及を見るに至れば、再び靈能の刺戟發動が誘起せられて物質科學偏重によつて一時衰へた心靈作用が、再び吾等によみがへり活動を開如し、種々の事象に利用せらるゝに到ることは當然であり、又期して待つべきことである。

第三章　古昔の靈能は再現す

嘗つては表面に表はれてゐた性能が生活順化によつて奥にひそみ、再び何かの刺戟によつて、ひよつくり表に現はれることを進化論では再現性といふ。これは既に諸士の熟知せらるゝとうりである。世の中には耳を勝手に動かすことの出來る人がゐる。これは人間が大昔に於いて、牛や馬のやうに耳を前後左右、音のする方向に向け得た當時の性能が幾百千代の後、何かの刺戟でひよつくりと現はれたのである。同じように種々の奇蹟的現象を起す靈能を、先天的に持ち合はせてゐる人がある。これも太古非常に發達してゐた靈能が、今日に至つて何かの衝動刺戟に觸れて、偶然其の精神活動の上に再現した現象に外ならぬ。これを見ても我々の心の奥の何處かには、かゝる靈能の潜在してゐるといふことは自ら肯定できる次第である。即ち太古における自然的本能たりし靈能の、今も猶存在はすれども低く弱く心の奥殿に保存せられて普通狀態では、其の姿をも見せず、全然滅失されたかの觀を呈してゐるにすぎないのである。がたま〳〵何か偶然の刺戟があれば、心の表面に現はれて玆に先天的の靈能者が産れるわけである。

其處で、只徒らに自然の動機、偶然の衝動に委せず、特に人爲的の方法を施して靈能發現に好適な狀態を作り、人爲の動機刺戟を與へても、結果は同じく右のやうに靈能の發現するものであることは心理學上の研究實驗の結果に於ても明かであり、實際家の實驗に於ても立派に證明されつゝある。

第四章　靈能は練習によりて必ず發す（以上心理學的原理）

感覺や精神は必要に應じて變化するものである。今我等の有する身體なり精神なりは最初から此の通りのものが出來たのではない。現在の人間の有する眼、耳、口、鼻、手脚及び精神作用について見ても人類の初めて出來た時代から此の通りに出來上つてゐたものでは無論ない。永い間に色々の變化を經て遂に現在のやうな恰好になつたのである。又そうして是れが最後のものでもなく、更に今後とも漸次に變化をつゞけ、其の形も、其の機能も次第に異なりゆくのである。若し永き將來の後に再び我等が此の世に現はれて、其の時代の人間を見たならば、びつくりするやうな恰好に變つてゐるかも知れない。我々がこうしてゐる間にも、微細なる變化は、小止みなく行はれつゝあるのである。

然らば何故に、かゝる變化をつゞけ一刻も靜止するところがないかといへば、それは正しく自然界其のものの變化に基因するのである。自然界が常に、其の進行は緩漫ながら一刻も憩はずに變化の道程をたどつて止むところを知らないからである。かくして我等の住む周圍の環境が變化し、又我等はこれに從ひ、これに順應すべく自然界の變化の跡に追從しゆくのである。大自然の變化に從ふのみならず更に卑近なる方面としては我等が住する地理的關係により、或ひは職業的種別等によつても著しい變化が起るものである。

即ち我等の身體及精神には、其の當時の生活に最も適合するやうに順化してゆく性能があるからであつて、習慣により、練習により、必要に依つては漸次に形も働きも變化を遂げ遂に想像も及ばぬ狀態を呈するものである。たとへば漁師は、いつも廣漠たる海上ばかりに生活して魚群の集來を注視する。遠く水平線の彼方に現はれたる水の色、波の形によつて魚群集來を知る必要があるから、物を見る視覺の力は普通の人間よりは遙かに發達し、我等が如何に注視しても見難い水平線上の黑一點をなす船蔭さへも明かに其れと知り得るやうになつてゐる。

又盲人は大切な視覺を失つてゐる。從つて手や指先で觸つてみて、物を知るより外に途はない、されば盲人にとつての觸覺は實に重大なる使命を帶び、なくては叶はぬ重要なる感覺となつて來る。そうなると必要上から更に觸覺の緻密なる練習をする。練習すれば益々鋭敏になり發達を遂げ進化し、遂には新古を知るばかりではなく、其の縞柄までも只指で觸れただけで言ひ當てるものさへ現はれておるので衣類の善惡ある。卽ち必要と、不斷の練習とにより、我々の想像もつかない微妙鋭敏なる一種不可思議の觸覺が作りあげられたのである。

右の理論の如く、心靈作用に於ても、其の必要を感じ、練習を積めば必ず漸次に其の能力が出て來て遂には驚くべき奇蹟現象さへ現はすに至るは當然のことであり、猶多くの實驗者の事實も雄辯に之を證明するところである。

第五章　物理學的透視術の原理

物理學的には未だ一定した定論はないのであるが參考迄に目下唱へられてゐる諸説の中、主なるものを擧げて其の大体を説明することゝする。

一、エーテル論

光線が我等の眼に映ずるのは、其の物体より放射するエーテルの振動が、傳つて來て之が我等の眼を通じて視神經を刺戟するからである。數萬哩の彼方に輝く太陽の光も、一本のマッチから發する微小の光も、何れも其の性質には變りがなく、是れ皆エーテルの振動を起し、それが光として我等の眼に映じ來るのである。其の光線の中で紫外線と言つて我等の視覺に感じない光線がある、之は餘りに振動數が多くて人間の視覺にては受容れ難いからである。我等の眼に受容れて光を光と見るには或一定の範圍内の振動數を有する光のみに限られてゐる。透視の靈術も全く是と同じ根元のエーテルが作用して起るもので靈中から一種特別のエーテル振動を起し、是が衣服を透して懐中物を見、金庫を通して中の物品を知るものであると說き、普通人に不思議とせらるゝのは紫外線の夫れの如く特殊の振動ゆえ、一般の人には明かに認め難い故であると言ふのが本學說の主論である。

二、ラヂウム論

ラヂウムは實に不可思議な性質を有する一種の元素であつて、三種の放射線を發し陰陽兩電子を放射する其の内の一線たるR線は陰電子の、ラヂウム塩の質内を出づる際に刺戟してX線を起し、板や壁や皮革等の物質内を自由に往來する能力が現はれる。人体中に含まれるラヂウムが特別の修練によつて發動し、右の如き作用を起して諸種の妨害物を滲透し、所要の目的物にまで達し、是れが靈能に刺戟して五感以外の感覺を構成すると言ふのが本論の根本原理である

三、人体電氣論

人體内に保有せられる電氣が發動して電波を起し、それが如何なる妨害物をも通過して心に念ずる目的物に達して諸種の作用をなし、其の電波の往來によつて隱れたるものを感知することが出來、又此の電波が長距離に及びて作用したる時は遠地の狀景や風物をテレビジヨンの如く速かに、眼前に彷彿たらしめ之を知覺すると云ふのである。

更に一歩進みたる觀察は電子論である。今は電氣學が非常に精細なる極致まで研究せられ、今日迄不可分とせられた元素も、更に之を分解研究すれば、其の原質は電子（エレクトロン）であると言ひ、森羅萬象は悉く此の電子より成ると言ふ。透視能力も此の靈中の極微なる電子の特殊の放射狀態によりて起ると言ふのである。

四、極微論

草木も動物も岩石も金屬も人類も悉く凡そ宇宙に存在する萬物は悉く微細なる物質分子（アトム）の集合体である。此の極小分子の集合によつて物体が生じ離散によつて死滅破壞の現象が起る。即ち萬物

の生滅變遷は只分子の集散分合に據るのみと說くのである。

而して人間の靈なるものは、此の分子の中で最も極小精細にして圓滑なる種類の分子より構成せられたものである。彼の精神の微妙なる機能も、極小分子の働きであるとなし、透視透覺は此極小分子の更に圓滑に、自由に活動するときに於て現はれる特殊現象であると說いたのである。即ち未だ物理學上には成程と首肯し得る一定した說はないのである。之は未だ靈能發動なる特殊現象を物理學的に深く研究されてゐない證據であつて致方もないが、一体人間の精神なるものさへ未だ物理學的に討究されてゐない現狀では全く無理もないことである。但し惜しむらくは此の一事を以て實現せる靈能發動さへも否定せんとする或る一派の物理學者の盲斷潛越なる言辭を弄することである。されど決してかゝる根據なき小反對に迷はされないやう豫め注意しておく要がある。

第三編　透視靈能秘法傳授

第一章　透視術修練の準備方法

上來述べ來つた所に依つて、靈能は何人にも、その練習によつて必ず体得することが出來るといふ確信を持たれたと思ふが、さていよ〳〵本法を學び是れが實地の修練にとりかゝる前に、先づ必要な準備方法を會得する必要がある。その準備として第一に必要なことは我々の精神をして、靈能發現の容易に行はれるやうな狀態に導きおくことである。無論後章に詳しく述べる所の具體的作術法だけでも、立派に靈能は出るのであるが、一體靈能作用といふものは精神的の仕事であるから、やはり精神を雄大、壯嚴、絕對的のものとし大いなる心持を以つて、天下何者をも恐れない底の意氣と確信を保持して進んだならば、更に一層、其の效果が著しく、發現も速いから、卽ち靈能發現の補助的準備として、本章を設けた次第である。

第一　崇高にして雄大なる精神を持つこと　（其の方法）

靈能發輝の一助として、自ら神や佛になるといふ信念は非常に有效である。

卽ち靈能の發現するのは、宇宙の絕對的偉力が、自分の魂魄に宿つて、そうして其の神秘的活動により、いはゆる一般の人から見れば不思議とも奇蹟とも見ゆる超越的能力が出るものであると、斯やうに信じて練習にとりかゝることが、一つの大切な要件である。

當院の哲學を研究した人々は此の點では、働かずべからざる強い信念を持つてゐるから自然靈能發現が非常に速い。是れは哲學上の話しであるから一種の學說、或ひは單なる假想的空論に近いものだと一蹴し去る人もないのではないが、決して空論ではなく、事實我等の精神に、宇宙の絕對偉大なる大精神が宿つて、我等の精神と合一合体し、而して後恐るべき靈の力が發現するものであることは疑ふ餘地はないのである。然しながら唯こう獨り定めに斷定しただけでは、判然としないから次に一通り其の譯を略述する。

一、宇宙の大心靈（透視術の學哲的原理）

春になつて暖かい風が吹き初めると、數々の美しい花が開く。漸く夏となつて太陽の光りが强烈になつて來ると今度は、花が散つて青葉の世の中となる。此の綠葉も秋が來れば再び錦を飾り、そうして木枯の冷風と共に散つて行つて了ふ。斯うして年々同じ順序に移り變つてゆくのは一体誰の命令であらう

赤ん坊が生れて、だん〳〵大きくなり、幼年となり青年となり、壯年となり老年となつて死し、再び何處にか行つてしまふ。そうしていくら自分だけは生きてゐたいと悶いてみても、定まる天壽が來れば否應なしに其の命を奪はれてしまふ。決して自分の思ひ通りにゆくものでない。一体誰れが、かくも惜しい命を何の容赦もなしに持つて行くのか。

又世の中の生物を見渡せば、人間もゐれば猿もゐる。犬も居れば鷄も居る。小さな蟻がゐるかと思ふと大きな鯨がゐる。或るものは地上に匐ひ歩き、或るものは水中に泳ぎ、又或るものは空に飛ぶ。かやうに變化極まりない樣々の生きものを一体誰れが造つたのであらうか。

更に電氣といふ面白い作用をなすものがあつて、ラヂオの微妙な音樂に恍惚たらしめるかと思ふと又今度は轟々たる雷電となつて我々を脅やかす。或は又電話となつて人の話しを取次いだり、電車となつて人を運んだり、電氣治療機となつて病人を救つたり、火となつて物を煮たり、冷藏庫となつて萬物を凍結せしめたりする。此の重寶至極な、有難い電氣なるものを一体誰が、何時何處で拵へて我々の世界に置き與へて與れたのであらうか。

更に大きな所では、先づ我々の住んでゐる地球が廻つてゐる。地球の周圍を月が廻つてゐる。地球は自分で廻りながら太陽のまわりを廻つてゐる。月も一緒についてくる。地球が廻るからといつて、別に電車のやうにモーターが付いてゐる譯でもない、發動機もついてゐない。全く種も仕掛けもなく廻つてゐる。そうして何千年何萬年廻りに廻つても何時止むとも知れない。實に不思議なことではないか。

こう考へて行くならば、到底今日の科學の力を以てしては遺憾ながら此の眞體を照明することが出來ない。茲に於てか問題は自ら哲學の門に入り來るのである。而して我々は茲に或る絶對的の力を感知するに至るのである。卽ち是れ等の萬象悉くを支配するところの或る絶大崇高なる一つの力なるものの存在を認めない譯にはゆかなくなる。此の偉大なる力を、印度哲學では梵天と稱へるのである。卽ち梵天は、至大至上、絶對崇高の偉力を有し、萬有悉くを支配してゐるもので、宇宙、世界に於ける凡そありとあらゆる現象は、これ悉く梵天の意志に基いて動いてゐるのである。

梵天のことを、或は神といひ、絶對界といひ、造物主といひ、或ひは又宇宙其のものともいふ。名稱は人により、考へ方に依つて、いろ〳〵と區別があるが、其の根本たる、萬有の主体、無始無終、無邊無限の大勢力を指していふ點に於ては全く孰れも同一のものであつて、これ卽ち、言を變へていへば宇宙の大心靈なのである。

二、宇宙の心靈と人間の心靈

前綱で述べた大勢力と、我等人間との關係は何うなつてゐるかといへば、我等人間も、無論此の最高至上の大勢力の中の一部として包含されてゐるものである。

所が又、人間界からいへば、吾等の靈中には、此の至上の大勢力が宿つてゐるのである。が而し人間は人間としての特殊な、相對的事情のために、折角宿された此の尊い大心靈を微弱極まるものとしてしまつてゐるのである。いはゆる俗事の雲を以つて蔽ひ隱して其の輝きを失ひ、其の活動を閉塞してしまひ、僅かに心の奥底に潜在し、全く蔭をひそめて了つてゐるのである。されば凡俗の心事を除き、雜念を排除し、一枚また一枚と掩ひの幕を剝いで行けば、遂には玲瓏たる眞如の月が照り輝き初め、絶大勢力の心靈が、活動を始めることになる。

此の狀態をさして印度哲學では、梵我と自我の合一合體と稱へる。即ち神と自分とが渾然として融合した、崇高神嚴なる靈動狀態をいふのである。

崇高神嚴なる神の心と一致したときの人間の心靈には、凡ての現象界を知し召す神の心を宿すことになるから、亦自ら、人間にも凡ての現象が、悉く此の靈上に反映するに至るは當然である。

一体、現象界といひ、絶對界といふも、決して二つのものが、別々に相對立してゐるわけではなく、同一の物の兩面に、各々異つた名稱をつけただけである。絶對界の心がいろ〳〵に表現するに從つて現象界が現はれるものであつて、此の二つは全く同一物の兩面にすぎぬものである。例へば水と波とは同一物であるが、動く程度によつて二つの名前がつけられたのと少しの相違もないのである。水は靜止して沈着其のもの、姿は本來、水の性質である。然しながら波は常に動搖して停止するところを知らない然らば波は水にあらずと果して誰が言ひ得やう。水即ち波、波即ち水で、換言すれば絶對界といひ現象界といふも、ひつきよう水と波との其れのやうに全く同一物の兩面に外ならないのである。

水は波を知り、波は水を知る。絶對界は現象界を知り、現象界は絶對界に相通ず。其處で現象界に變轉として動く人間の魂魄を、絶對至上の靈光と合致せしむることの可能なる事實は、嚴然たる以上の眞理を以つてして少しの疑ひもなく考察確信することが出來る次第である。此の境に入りたるを稱して、吾々人間が靈働狀態に這入つたといふのである。たとひ平常の場合には、雜念に曇り果てたる普通人でも、後に掲げる方法を練習して、斯ういふ狀態を構成したならば、必ず靈働狀態に入り靈能活動が起つて來ることは、理論のみならず事實に照して、否むことが出來ないわけである。……話が哲學の部門に入つてゐるから參考迄に吾等の奉ずる印度哲學の大略を僅かばかり左に述べて一層、精神の淨化と信念の確立に資したいと思ふ。

三、印度哲學の眞隨

印度、これほど數々の驚異と不思議に充たされた國は又とないであらう。灼熱岩をも溶かす赤道直下から茫々たる原野山林を貫くこと二千里にして、千古不滅の白雪を戴くヒマラヤ連峰に至る宏漠たる此の一大魔境には、想像もつかぬ神秘あり不思議あり、壯嚴がある。上古四千年、既に絢爛たる文字があり、玄妙なる哲學があつた。ミユーラーをして『西洋哲學の根元なり』と喫驚せしめ、ヴイルアムスをして『印度人はスピノザよりも二千年以前に於て既にスピノザなりき、ダルウインよりも數百年以前に既にダルウインなりき』と驚嘆せしめたものである。

その最初人生の恐怖不安が出發點たりし呻吟の時代には『聖者よ、骨と皮と髓と肉と精と血と液と涙と糞と尿と膽汁と脂肪とより或る此の身体に何の樂みかあらん。快樂、貪慾、憎惡、虚僞、恐怖、瞋恚嫉妬、愛別離、怨恨會、飢渇、老病、死悲の諸惡に充てる此の身体の樂みそも如何せん』かゝる悲觀呻吟の結果、遂に哲理に入つて一大光明を臨み、悲は悦に變り不安は去つて安立の境地に入るを得たのである。かくして臨み得たる一大光明の哲學は之を詳論せんとすれば際限もなく又本書の主旨でもないから此處では總ての論述を省き、たゞその根元とも稱すべきウパニシャドの要概を簡單に説明するに止める。

扨て印度哲學の發祥根元は如何なるものかといへば、それは印度古代學術の內明論に歸し、その經典ともいふべき Upanishad ウパニシャドの説く心、それが印度哲學の根本概念なのである。そは即ちあらゆるものよりも高き最上の世界、その世界に輝く梵我の光ありて是は至大至高、絶對の偉力を有し萬有を支配する。しかもその光は人間の靈中にひそむ光と同一なり。其の眼に見ゆる證左としては、人間の体中にも絶對至上のそれの如く、熱もあれば光もあり耳を塞げば音も聞く、睿智その体は靈であり、その形は光なり、思想は眞なり、その性はエーテルに似て普遍なり。といふのである。今少し平易にいへば、宇宙の原始、諸神の性質、精神の本性、精神物質の交渉等の哲學問題を極めて神秘的に解釋したもので、即ち最高至上の大精神を知り、迷妄を打破する秘義を説いたものである。大体の意味は梵我一如の大義を確立した深遠幽微の哲學である。此の間に一派の Buddha は後の佛教となつて現はれたものである。

今日吾等が透視靈能發現の際、此の大哲學を奉ずる所以のものは、即ち玲瓏なる心境を得、神秘的靈力發現の由因はいはゆる、梵我一如の心境に入り得て始めて本術の現象を起し得るからである。三昧の境、浄瑠璃の心境、そは哲學上、天上の梵我と自己体内の自我と合一合体せし、狀態を指すものである。

四、自ら神となる

心靈術の大本として、自分が神や佛になるといふ信念を持つことが大變有効で必要な條件である。いよ〳〵自分が神になつて了ふといふ堅い信念の保持は、心靈發現の精神的準備として最も大切なことである。

靈能發現といつても別段他に求める必要はない、自分自身の靈其のもの、發揮であるから、此の場合に當つては、天上天下唯我獨尊、此の天地間には我よりも尊く我よりも偉大なるものは最早や一物も存在せず、我即ち絶對者、我即ち宇宙一切の主權なりといふ、敬虔にして嚴肅、崇高至上の人性人格を確認し、絶大の自信を確保せねばならぬ。

是れが先づ第一の精神的準備である。そんなことで功果のあるものだらうか、自分にもそんなことが出來るだらうかといふやうな、因循姑息、疑心暗鬼を以つて自分を信せず、本術を信じないやうなら寧ろ初めより着手せざるに如かずである。ひたすらに信念を確かにして、自己内面に隱れてゐる宇宙最上の靈力を今より現はさうとする確固たる自覺を以つて本術修練の出發點としなければならぬ。人は深く信じて他に信念を曲げられないとき、其處に一種の働きの起るものである。

絶對界と現象界。神と人との關係について大体上來述べて來たが、其の信念を今一層鞏固にしたい老婆心から最後にもう一言、宇宙と自分との關係に就いて再言しておきたい。

宇宙といふものは時間にも、空間にも際限のないもので、即ち無始無終、無限無邊であるから、從つて我々が考へるやうに、千里萬里は遠く千年萬年は永いといふやうなことは更になく、無限といふことから見れば、ほんの一點一瞬である。太陽の大と、昆蟲の小とは我々には大きな懸隔と觀じられるけれども宇宙に於ては何でもないことである。平等、無差別であつて決して大小、遠近輕重の差を感じない即ちあらゆるものを包含して其の悉くが渾然と融合してゐるのである。萬有總べては宇宙の部分である我々は又萬有の一部分である。してみれば吾々は宇宙の部分である。宇宙は又我々の如き部分が集つて成されてゐる。

即ち全体といひ部分といつても、素々一つの有機組織の下に結合せられてゐて、部分は全体に合し、全体は部分と同意志である。此の理をよく悟つて自分と宇宙は、もと〳〵一体である。自分即ち宇宙、宇宙即ち自分であるといふ根本觀念をしつかりと捉へて、本術を修練したならば、又實際に於いても宇宙の大靈を享けて、是れを現はし得るやうになるものである。

斯ういふ絶對的でや〻程度の高い考へ方をしては何うも腹に這入り兼ねると思ふ人があれば、それには只一言、自分も神や佛になり得るものなり。といふ確信さへ持てば其れで充分精神的の準備が出來上つたわけである。

第二 身体的準備方法

身体の何處かに壓迫を感じるとか苦痛を感ずるやうなときには必ず何か身体に故障の起きてゐる證據であつて、そんなときには一般感覺も全き機能をつくすことが不可能で、精神も從つて其の平靜を保つ能はず、作術上に悪い影響を及ぼし、術の修練を妨害するから、身体の健康を保つことに注意して習練の容易に行はれるやう準備しておく要がある。

身体の不快調は直ちに精神に影響して、其の平靜を亂し修練上多大の妨げをなすものであるから、餘り身体の工合の悪いときには強いて習練に取りかゝらぬ方はよい。然しながら、一度び習練に這入つて漸次に其の回數を重ねてゆくと、術の進むにつれて自分の身体も丈夫になり、却つて身体の工合の悪いときに作術して、其の術の効果により自分の疾病を治癒するようになり、治病の實を擧げ得るに至るのであるが、一番最初の練習開始の際としては、やはり身体的障碍の起つてゐない平調の狀態を以つて初むるを得策とする。

例へば頭痛などの感じるときに作術して、一時頭部の血液を皆んな下げて胴の方へ追ひやり、頭を輕い貧血狀態にすると、大低の頭痛はなほるものであるが、これが極く初歩の時分には却つて反對の結果をかもし、頭痛を忍んで作術して目まひを起すやうなことがある。而しこれは僅かの間のことで、習練を初めてから一週間以上もたてば、もう斯ういふ憂ひは更になくなつて了ふ、自分の治病の爲めならば寧ろこんなときに利用作術して病を追つ拂ふやうになるのである。

第三　朗かな精神狀態とする

精神に、しつかりした確信が出來て、身体に何等の故障が起つてゐないといふことは靈能發現術を習得する上に於いて決してゆるかせにしてはならぬ必要條件であるが、更に今一つ精神を快くするといふことを忘れてはならない。卽ち確信と身体の無障碍と、精神の爽快とは靈能發現準備の三大要件であつてかゝる好條件の下に習練を開始すると其の效力は急速に現はれて、靈能が案外早く發現するものであるいくら確信があり、身体の調子が平靜であつても、心持が非常に亂れてゐて、いはゆる氣が焦るとか何か心が落着かないとか、心配があるとか或ひは氣が揉めるといふやうな場合には是れが妨害となつて、なかく光惚狀態に這入れないものである。

尤も可なり習練を積んだ後ならば、ずゐぶん强い刺戟や衝動があつても其れはそれ、是れは是れとして心の一方に取り片付けておくことが出來る。そうして作術して間もなく平常通りに光惚狀態にはいることが出來るけれども、或る程度に進步するまでの初期習練時代には以上あげたやうな事情は、最も障害となるから豫めこれ等の障害的事情を取り去ることに注意しなくてはならぬ。これには過去の經驗の中で最も愉快なりし追憶を靜かに繰り展げて、其の狀景の中に、自分の心が溶け込むやうにするのも一つの方法であるが、これは後章作術の初步の部に於いて説明することゝする。

古から靈術修業の爲めには、斷食して山中に立籠るといふのは、即ち斷食をすると意力衰へて血行はゆるやかとなり、彼のいはゆる意馬心猿大いに靜まる故である。又靜寂な山中に在れば、諸々の刺戟や衝動の四邊からおそひ來る憂ひがなく、あたりの環境が總べて光惚狀態に入るに最も適合してゐるからである。

要するに心靈力の發現を可能ならしむるには其の作術前に於いて、大体次の如き條件に注意するの要がある。

一、强き信念を持つこと。
一、希望を以て愉快に始めること。
一、技術の成功を信じて疑はぬこと。
一、作術前の心境を全く赤裸々にし、俗間の粉飾を悉くとり去ること。
一、身分や學植に拘泥しないこと。
一、何人にも怯めず臆しないこと。
一、他人の批評などを眼中に措かないこと。
一、焦らずあはてず練習をつゞけること。

第二章　透視靈力發現秘法（作術法）

本章からいよ〳〵心靈を發現せしむる方法を説明する。但し自分が習練して實地に効果をもたらし得た自修の方法を傳へるのである。現在、多數の靈術家の靈能体得法には、おのづから其の動機方法等に於て、種々の區別はあるであらう、しかしながら、いはゆる第六感を目醒めしめ潜在精神の活動を誘起するを得たといふ結果に於ては同じ一點に歸着するのである

要は恍惚狀態に入つて、現在感覺、現在意識を一時沈靜に歸し、かくれたる潜在精神をして自由に活動せしめ得るやうにすればよい。今より述べんとする此の方法は、余がいろ〳〵工夫してみた中で一番効力の敏速强大であつた方法で、余が靈能を現はすやうになつたのも、全く此の方法を習練して出來上つたものであつて此の方法を習練しておれば婦人でも男子でも靑年でも老年でも、著るしい身体的障害や、大きな精神的障碍の有らざる限り、誰しも相當なる効果をおさめ、靈能の必ず發現するであらうことは最早や信じて疑はぬ次第である。人により其の發現の深淺强弱大小の差こそあるが、發現するかしないかは最早問題とならぬくらゐ確かである。

さて以下漸次に述べてゆく方法通りに修練を進めてゆけば、必ずや精神の活動狀態にも漸次に變化を起し、遂に靈動狀態となり、普通狀態に於ては不思議とする諸種の機能を表現するに至るであらう。扨て玆によく世間の人の中に誤解をしてゐる點がある。しかも相當知識階級の人でそう信じ切つてゐるや

うなことがあるから一言注意しておきたい。それは何かといふと、靈能發現は、普通の場合には行はれず、神經衰弱か或ひは何等かの精神的異狀のある人にのみ起る變態的作用であるとし、又普通の人でも是れをやつてゐれば遂には精神異狀者になつてしまひ、あたら命を縮めてしまふと言ふことである。

心靈發現をやると一寸普通の人には珍らしく觀じられる。其處で何うもあの人はおかしい、狐が憑いてゐるのだらうか、いや精神がおかしくなつたのだらうなどと一種の狂人扱ひにして終ふのである。しかしそういふ憂ひは更に無用である。精神病なぞとは以つての外で、本術修養を初むれば精神を常に雄大崇高に持つことになるから氣力は充滿し、小事に心配せず、頭腦明快となり身体も益々壯健の度を增し、修練開始以前に比して著るしく身心共に健全を加へるのである。これも既に事實の證明する所である。であるから決して斯んなつまらぬ誤解に迷はされざるやう注意が肝要である。實際修練し体驗すれば判ることだが、精神には何か偉大なるものが宿つたかの如く感ぜられて、常に泰然自若たるを失はぬやうになり、腹力統一、血行の整調は身体全部を正に建て直して輝く壯健体に導くものである。決して斯んな無稽の言に迷はされぬやう豫め注意しておき度い。

それから今一つ序でに言つておき度いことは靈能が發現したといふ言葉の意味である。習練が積んで靈能が發動するやうになつたといつても、其れは常に其の靈能が活動してゐるのではなくて、必要のときに作術して直ぐに出現せしめ得るといふ意味である。即ち靈能が發動し得るやうにまで進めば、たとへば人の手の中にかくした物品の、其れは何であるかくらゐのことは直ぐ判る。しかし何時も判つてゐるのではない。作術しさへすれば、ほんの數分間で恍惚狀態に入り、然る上此の實驗をしたならば、手の中のものが判るといふ意味である。即ち自轉車に乘ることを習ふやうなもので、愈々乘り習つたと言つても何時も乘つてばかりゐる譯ではない。いつもは乘らずに家に置いてあるが、さあ用が出來たといふ時に乘つて走つて用を足すといふ意味である。

第一段法（腹力統一法）

先づ靈能發現の大根源は、或る信念を持つたまゝ、恍惚狀態に這入ることである。此の恍惚狀態に這入れば、心の奥底に眠つてゐた心靈力が忽ち目覺めて漸次活動を開始し始めるのであるから、先づ第一に此の狀態を作るに必要なる第一段法から順次に進み、第三段法まで日を重ねて習練してゆくこととする

場所。最初の間は少しの音や光にも犯されて作術を妨害され易いものであるから、餘り騷々しい音の漏れて來ない靜かな部屋を撰び、又餘り人の出這入りのしない所に入り、室の溫度も寒暑共に強く感じない所を撰ばねばならぬ。

時刻。馴れて來れば騷がしい所でも、白晝人の大勢居る所でも一向差支へなく、數分間の作術で直ちに恍惚狀態に這入つて、所要の目的に向つて作用を起し得るものである。實際に本術を應用する場合は多くは白晝人の大勢居る所で行ふものであるが、このやうに多人數の前に於いて、作術間もなく靈動狀態に這入れるやうになるまでの、其の最初の修練開始の場合には、なるべく強い光線の來ない、靜かな

所が必要であるから、時刻としては早朝と夜間が最も適當である。朝起きて洗面後、精神の爽快なときに約二十分間程と、夜寢る前に床の上で約三十分位づゝ毎日練習するのが最もよい。今いふのは少し早過ぎるが此の第一段法から順次に進み、朝と夜との二回づゝ約三週間にして第三に進む頃となれば、愈々普通以上の精神活動が現はれて來たことに氣がつく。例へば、今日あの友達が來ると、ふと感じて其の友達が果して來るとか、或る用件で他の人の所に出掛けて其の人に會ひ、未だ其の用件を持ち出さない先に、何となしに是れは駄目だと感じて、さて愈々口を切り出來る限りの努力をしてみてもやはり駄目に終るやうなこと、即ち極く卑近な、日常に起る小さな事件に對する先見豫感が輕く現はれ活動し初めるやうになるのである。

さて元に歸つて、修練の時刻であるが靜寂な時がよいと言ふ意味からすれば、萬籟寂として聲なき深更のときが最も好ましいわけである。出來ることならそうしたいのであるが而し毎日のこととなると、其れ〳〵人には色々の用件も起り、そう毎晩深更長時間を、此の練習の爲めに費すといふことは實際不可能であり、又是非そうしなければならぬと思ふと、是れが苦になつて遂には厭になつて終ふ。厭氣のさすことは本法習練上、最大の禁物である。厭だとか是非しなければならぬといふ負擔を感じてゐるやうでは、心の平調は求め難く、折角の習練も、それだけの効果が擧らない。それで、餘り大層に思はず手輕に行ひ、そうして毎日繼續した方が却つて結果がよい。その爲め敢へて深更の長時間を撰ばず、大層なやり方を避けて、朝洗面後二十分、夜寢る前に床上で三十分間位づゝ練習することにしたのである

一、端坐。瞑目。呼吸調整

心靈發現は心の一種の働きである。從つて心が散漫浮動して落着かないといふやうな狀態では、到底發現は困難である。であるから何んな心靈術でも、先づ身体の調整と、呼吸の統一をはかり、腹力を充滿し心を鎮め身心共に磐石の靜けさに落着けて終はねばならぬ。言ひ換へれば心を平和に落着けるといふことが、孰れの心靈術を行ふにも必要な、最初の基本行爲であつて、別段取り立て丶述べるまでもないことである。自分の行ふ方法の根源となるものは靈光線の應用であるが、此の方法を行ふ前に、やはり基本行爲が必要であるから、次に此の方法を述べてゆく。此の方法は恍惚狀態を作る第一前提となるべきもので、先づ正しく坐り、瞑目し、極めて靜かなそうして深い規則的呼吸をするのである。そうすれば全身を調整して腹部に中心統一力が滿ち、延いては脊髓の中心機關の活動を盛ならしめ、我々身体を構成する各細胞の機能、及び感覺を鋭敏にし、更に筋骨の各部を圓滑にして故障なからしめ、血行がゆるやかに正しく行はれ、斯くして身体全部の整調を完成するに至るものである。此の作用が遂に全身の統一を促し、回數を重ねて練習してゐれば、遂には不自覺的意識を現すに至り、人間の本能力を完全充實せしむるやうになるのである。

第一　端坐

我々が平常坐るのと同じ方法であるが只、姿勢を正しくして、いはゆる正坐即ち端然と坐るのである。顏と胸とが一直線に眞直ぐにして、首は反らさず又屈まいやうにし、胸は擴げ腹は折らないやうに、寧ろゆるやかに張出す氣味にして、肩はわざと張る必要はない自然のまゝにしておく。

前屈みとなると後に說明する呼吸を完全に行ひ難いから、どちらかといへば寧ろ後へ少し反るくらゐの姿勢がいい。婦人は別して前に屈みやすい癖があるから此の點に注意しなければならぬ。膝と膝との間隔は、約五六寸程開き、足は自然のまゝにして臀を靜かに其の上におろす。常に椅子を使用する習慣のある人は、椅子を用ひてもよい。椅子に腰をかけたまゝ上体は今述べた如き方法にする。只脚は坐るときよりも少し左右兩脚の間隔を開けておくことに注意すればよい。

第二　瞑目

端坐して姿勢が定まれば、次に兩手を膝に載せて輕く瞼を閉ぢて瞑目する。瞼に力を入れて强く閉ぢ、眼の附近を皺だらけにする人があるが、それは何のたしにもならぬ。只極めて輕く眼を閉ぢてゐればよい。眼球は自然に少し上方に向け輕くやすませておく。

向きは光線と反對の方向を向いて坐り決して光線の這入つて來る窓の方や、

電燈の方向に向いて坐つてはならぬ、これは後に說明する或る瞑目中の光線利用の邪魔をするからである。眼を閉ぢてゐるこ小さな痙攣が起つて瞼がぴく〳〵こ動いて止まぬ塲合が稀にあるが、其んなごきには瞼を輕く指で摩擦するか、或ひは暫く眼を開いて瞑目を中止し、數分の後又始めるがよい。

斯くして眼を閉ぢて約一二分間程の間は、心を落着けるのである。雜念妄想や、或は餘り悲しいことや苦しいことや、心配などを決して、無理に心の中から搜り出して考えないやうにする。一体人間の物を案じる精神活動はよく、こんな氣を沈めやうとするときに限つて頭を擡げて來るものである。それは人間の心配的の精神なるものは甚しい膨脹性を持つてゐるからである。例へば或る大きな心配事があると心の全部がこれに攻め虐なまれて、隨分苦痛を感じ、これさへなければもう後は困ることはないが、これさへ早く片付いたら。と其ればかり思つてゐる。扨て此の事件が片付いて了へば後は、もう輕い事件ばかりで心を勞する筈はないのであるが、さてそうなれば第二の心配事で、今まで大きな心配のために心の片隅に壓縮されてゐた小さなものが、今度は第一心配の去ると同時に、胸一杯に擴がつて殆んど以前のときと同じ苦痛を感じさせることになる。あゝこれさへなければと思ふ、其れがなくなれば又第三のものが一杯に擴がつて來て苦しめる。第四第五と人間の此の世に生を享ける限り、心配の種子は次から次へ、無限に心の底に產れて來る。即ち人間には苦勞心配の絕間がないことになるのである。其處で、小心配の胸一杯に擴がつて跳梁をほしいまゝにすることから免れるには、此の心配の膨脹性を抑壓する他の力が必要である。他の力とは即ち修養の効によつてなされる。心靈法を習練して雄渾偉大なる心が養成されたならば、こんな小さな心配なぞに心全体を犯され苦しめられ遂に此の世を悲觀して氣力を失ふなどといふ馬鹿々々しいことは最早やなくなつて來るのである。話は側途にそれたが、斯ういふわけで、どうしても心配事や、悲しいことなどは、少し身心を靜かにしてゐると、先づ先きに心の上に現はれて來るものであるから、瞑目して心を靜かにしやうとして却つて、かゝる刺戟的思念の擡頭に會ひ、精神的攪亂狀態におちいることになり易い。されば心を落着ける爲めには、なるべく淡い輕い愉快なことを何か一つ考へてゐるやうにするのである。たとへば愉快なりし旅行の追憶に耽るなどは甚だよいことである。そうして今に奇しき靈動狀態に這入ることを確信し、恐れず、あわてず、泰然自若として動かざること林の如く、水の如く淡く靜かな精神狀態に沈めて了ふのである。

第三　呼吸法

氣が靜まれば今度は呼吸法の練習にとりかゝる。此の方法が完全に行はれたなれば、血行がゆるやかに正しく、身体の隅から隅まで淸く新しい血液が循還し始めることになり、肉体各部の生理機能が盛んになる。されば此の方法を暫く實習してゐると身体中が暖まり、腹が減つて來るものである。中でも感應作用を助ける脡髓、脊髓の働きが敏捷となり、そうして更に靈能發現を促進するところの腹力統一の作用が出來上るのである。

作術の型及び姿勢

先に述べた通り、靈能發現の際は自分も神や佛になる、身分こそは宇宙の絶對者で、自分より高く強く聳つ偉大なるものはないといふやうな崇高雄大な氣分を持つことが大事な精神的準備の一つであるが、此の氣分は、此の呼吸法を練習しつゝ、ある間に自然的に現はれて來る。

靜かに強く深い呼吸をなし、全身の血行が清新正整となり、身体中が暖まり、体内の毒氣や鬱憤を悉く体外に吐き出し、正に身体が淨め上げられ、下腹部には鐵でも詰め込んだやうな重々しい雄大な力が充滿したときに初めて何か自分自身に偉大な力が出來たやうな氣になり人も仕事も災禍も病も、何等恐れず腹の底から暖かく強く愉快な氣が湧き上り、遂には泰然自若として何物をも恐れざる底の、落着き拂つた強い力が現はれて來るものである。

此の方法は、先づ口を閉ぢて鼻から靜かに息を吸ひ初める。吸ひ込んだ息は悉く胸に貯へて行くのであるから腹部は漸次にへこんで來る。そうすると遂には胸が張り切つて自然上体は後ろに反るやうになる。斯く一杯になつて最早や此の上息を吸ひ込むことが出來ないやうになつたとき、今度は其の息全部を腹に落すのである。即ち今まで胸が張り切つてゐたものが、今度は腹が張り出して胸は空になつて了ふ。此の息を落すときには一度にごんと落すのである、其の際肩は急におち息も多少鼻から漏れることがあるが是れは致し方はない。そうして直ぐに其の息をやはり前のやうに靜かに鼻からそろ〳〵と吐き出し全部の息を十五秒以上もかけて吐き出し盡すのである。但し此の吸氣呼氣に適する時間は、人々によつて多小異なり、肺活量の多少によつても違つて來るのであるから時間はいい加減でよい。只靜かに長い時間をかけて、吸ひ得るだけ吸ひ吐き出せるだけ吐き盡すことに心掛ければよいのである。それから吸つた息を今度は吐き出し初める其の轉換の際には、苦しいのを我慢して息を止めてゐる必要は更にない。吸つて吸つてもう此の上吸へなくなつたときには、直ぐ胸の息を腹に落し、落ち着いたならば又直ぐ除々に吐き初めるのである。轉換のときに多くの時間をかける必要はないのである。

扨て、此の息を吐き出す場合が肝要である、それは胸から落した息を吐き出すとき、只すう〳〵と靜かに吐き出して了へばそれでよいかと言へば決してそうではない。此のはき出す際には、全身の力を悉く下腹に集め。下腹部は張り出し、石のやうに固くなり、其の强大な下腹の力で少しづゝ息を絞り出すが如くに息を吐くのである。猶詳しく言へば、下腹は張り出す氣味に、して力を充滿し、その上部の即ち臍より上の方から、力の這入つたまゝ内にへこんでゆき上体が自然其處から折れて前に屈むやうになる。下腹の力は、息が胸から落されたその時から充滿し、とう〳〵息の出盡すまで決して其の力をゆるめないのである。即ち其の次に再び息を吸ひ初めるまでは瞬時も力を拔かないのである。此の方法を操り返し操り返し是れを行つて、少くとも二十分間位ゐ之を繼續する。朝は洗面後朝食前に行ひ、夜は就寢前に行ふ。そして每朝夕一回づゝ實行してゆくのである。

◈注意事項

此の法式を修練してゐる間には靈能發現を焦つて希望する必要はない。唯だ今に靈能が發現するであらうと、心の奥底に輕い信念を持ち、心靜かに修練し、注意點を下腹の運動に集中してゐればよろしい此の方式を行ふ日數は、約一週間位である。習練にとりかゝる以前に於ける身心の準備が、よく行はれてゐる人ならば、毎日二回づゝ一週間程も經過すると腹力統一が充分出來て、何かしら偉大なる力が自分の腹一杯に宿つてゐることを感じるやうになる。たとひ準備が足らず、又最初身心に何か故障のある人でも十日以上も此の方式を練習してゐれば必ず効果の現はれて來るものである。最初、端坐瞑目の數分間は、何か愉快なことを輕く考えてゐるやう述べておいたが、愈々呼吸を初めたならば、今度は專心、悉くの注意を下腹部に注ぐやうにする。深い吸氣を胸より腹におとせば下腹は或ひは鐵でも流し込んだように堅くなつて張り出でる。次に呼氣、息を吐き出す場合には臍の上部より次第にへこんで來て終には腹部全体の力が拔けて空になる。斯樣に呼吸に從つて腹部は、靜かながら强烈な運動を起してゐるものであるから、其れに注意を集中し、さあへこんで來た、張り出して來た、固くなつて來た、恐ろしい力が充滿して來た、と其の變化狀態に一途の心を注ぐやう努力してゐると、何時とはなしに心の雜念や、忘想は綺麗に吹き去られて、頭は輕く殆ど空になつて來るものである。そうして腹力統一が益々完全に近づき、頭の輕快を感じることが、やがて來るべき恍惚狀態を、早く作り出す有力な手助けをなすものである。

此の方法を最初から餘り强く一途にすると、耳鳴りや眩暈を起すことがある。最初はやはり極く靜かに息を吸ひ、又極めて靜かに息を吐き、腹力統一も決して焦つて無理に强烈なる力を加へる必要はない漸次に深く强くしてゆくのである。此の方法は生理的に無理は決してないのであるから、たとひ目まひなど起しても少しも心配はいらぬ。只其んなときは一時中止して、再び靜かに始め除々に練習してゆきさへすれば、何の不安も心配も無用である。此の呼吸が完全に出來るやうになると、額には汗が滲み出す、そうして是れをやつた後の精神は爽快で、何となく愉快になり元氣が出て腹は實によい工合に空いて朝食なぞは實に美味しく、正に平常より一二杯は餘計にすゝむやうになる。

第二段法（人体ラヂウムの活動法）

第一段法をやり始めてから一週間程も經つと、今度は第二段法に移る。此の法式は一口にいへば我々の体内に自然的に賦與せられてゐる人体ラヂウムの盛んな活動を呼び起す方法である。現今醫學上でもラヂウム治療はずゐぶん深く研究せられ、實地療法に廣く遍ねく用ゐられるやうになり、なか〳〵大した奏効を遂げてゐるものであるが、このラヂウムの機能を一言の下に煎じつめていへば、これは或る鑛物から放つ烈しい刺戟性をもつた一種の光線作用であつて、其の光線が、患部の各細胞に刺戟を與へ、細胞の元氣が増大し遂に其の病菌を殺して了ひ、元の健康に盛り返す作用をなすものである。今少し詳しくいへば此の原素の發見せられたのは、西暦一八九六年、獨逸のレントゲン氏が有名なるX光線を發見したのが、ラヂウム發見の動機となり、間もなく佛國のキューリー夫妻の飽くなき努力によりて完全に此の貴重なる新原素が發見せらるに至つたものである。而して其の僅少の分量ならば地球上至る所に存在してゐて鑛泉中にも空中にも、瓦斯の中にも、あらゆる物質中にも又我々の身体中にも其の微量の存在せることは既に實驗の結果、明瞭である。我々の心靈活動を盛んにし有機組織に特別の刺戟を與へると一種特別の放射線を放つこと、正に礦石ラヂウムに彷彿たるものがあり、人により人体オーラといひ人体電氣といひ種々の名稱があるが、我等は是れを人体ラヂウムと稱へるのである。此の天與の人体ラヂウムの活動を强力に呼び起して來るのが此の法式の使命である。此の方法として、必要なるは全身の運動と、身体の摩擦と、合掌とである。

第一　全身の運動

全身の運動とても、學校で行ふが如き或ひは跳躍運動のやうな、大袈裟な騒々しい方法は執らない。殊に室内に於いて行ふのであるから、斯やうな速く激しい運動をするのではなく、靜かにゆるやかに力を入れてするのである。

先づ坐つたまゝ手を膝の上におき、頭を靜かに除々に前後に十回程曲げる。速度は極めてゆるやかでよいが、先づ前方に曲げられる所まで曲げ、それから又靜かに起して今度は後方仰向けに曲げられる所まで曲げる。次に左右に十回程曲げる。それが濟んだら左右に首を廻轉させる、是れで頭の運動は終る、次に腕を身体の兩側に垂れ、其の形のまゝ前方から上げて頭の左右に眞直ぐに立たせる。次におろすこれが又十回、今度は兩腕を左右から上げて、やはり頭の上方にまで上げる。おろす。其の次は兩腕を、掌を下方に向けて眞直ぐに前方に延し、手の指を兩手同時に曲げ又一時に伸ばす、丁度腕を水平に伸ばしておいて其の指先だけをまげて物を握むやうにするのである。これは速度を早めても一向差支へはない。次には胴の運動に移る。兩腕は曲げて側腹を摑み、最初上体を前に屈むだけ屈ませ、次に上体を靜かに起して今度は後ろに反れるだけ反る。次は左右に曲げ最後に左右に捩るやうに回轉する、即ち坐つたまゝ其の位置を動かず上体だけで右向け左向けをやるのである。かくして上体の運動が終つたならば今度は立ち上り、手はやはり左右の側腹を摑んだまゝ脚を片方づゝ眞直ぐに伸ばして前に上げる、次に片方づゝ左右に上げる。是れで全身の運動が終る。これは最初の練習の際は、第一段法を終り第二段法に移つてからした方が効力の著しく現はれるものであるが、都合によりては第一段法の前に即ち最初作術にとりかゝつたときに於て實行してもよいのである。更に進んで第一段法から第三段法まで相當の修練が積めば全然是を省いても差問へはない。

第二　摩擦

從前の通り正坐したまゝで上体を眞直ぐにして左右の手で横腹を押へ、其れを前方に押し出すやうにして横腹を強く撫でるのであつて恰も腹を絞り出すやうな氣味にする。これが十數回もすれば次は左右の手で左右兩腋下から下方に向つて胸部全体をかなり強く、兩手同時に撫でおろす。回數は十回から二十回位靜かに繰返すのである。其處で愈々合掌に取りかゝる。合掌は第二段法の生命である。

第三　合掌

合掌は只、左右の手を合すだけでは、後に説明する細微振動が起り得ない。其の爲め特殊な方法を採つて細微振動發現に適するやうにしなければならぬ。

合掌の型

先づ兩手を合し、次に左右の手の小指藥指中指を互ひ違ひに組合はせて曲げ、食指と食指とは合せたまゝ前方へ伸し、親指と親指とはただ自然のまゝ左右揃へておくのである。而して中指の直下、掌の上部の方に少しく力を入れ、指先には決して力を入れない。掌の外廻りも同じく力を入れないやうにする。かくして合掌した手を胸と腹との境目位ゐの所まで上げて來る。こうして合掌したまゝ第一段法を繼續してゐると、更に驚くべき特殊な効果が自然に現れて來るものである。其れは如何なる効果であらうか。

◈合掌の特殊作用

第一段法を習練してゐれば、前述の通りに身体の各部機能がそれ〴〵其の働きが旺盛となつて各部個有の使命を充分に果し得るやうになるものであるが、更に第二段法中の合掌に進んでからは、實に驚くべき進展を見せるものである。

一見何でもない合掌であるが、其の內面的作用は實に大したもので彼の靈動狀態の第一步たる恍惚狀態構成上ゆるがせに出來ない著るしい効果を添加するものである。即ち合掌によつて体內に潛在する人体電氣、人体磁氣、人体ラヂウムの俄然として長夜の眠りから覺め面白い活動を開始するからであつて各有機体の活動力によつて是等の特殊物質が刺戟せられ著るしい機能を發輝するに至るは實に第二段法に入つてからである。合掌なる形式の下に左右兩体を繼ぎ、還狀運動系路を造り、各機能の融合的活動を起し、玆に著るしい特殊機能が發現するに至るのであるが、更に本術中の合掌は、普通の合掌と其の趣を異にして更に不思議なる作用を起すものである。不思議なる作用とは、何んなことであらうか、それは實に不思議とすべき、合掌其れ自体の恐るべき微妙なる振動作用の起り來ることである。

此の合掌を行ひ作術なしおれば、合掌それ自体に不思議なる振動が發動し始め、遂には眼にも見えざる微細なる振動を起し一秒間に數百の回數にも達し、手先には異様なる感じさへ起り來るものである。是れに依つて体内の電氣磁氣ラヂウム等に刺戟を與へ活動をおこさしめ、遂に指頭より一種の放射現象を起すに至るものであつて、疾病治療の際、此れを利用して目覺ましい奏効を現はし、驚くべき實績を擧げるのである。と同時に靈能發現を促進する上に於いても又個有の効果を現はし、本術修練上なくてはならぬ重要な法式となつてゐる。

◈合掌の極致

合掌に起る振動は、調整的人体顫動の一種であつて、斯かる細微振動は必然的に起るものであるから故意に振はせようとしても振はず、又止めやうと思つても容易に止むものではない。只だ本法式を繰返し習練してゐる中には自然に現れて漸次微細の域に進んで來る。されば本法式に着手してから四五日の後に、靜かに瞑目の眼を開いて指頭を見れば、指頭は微細に振動してゐることを發見するであらう。是れが一週間二週間と練習を續けて其の効を積めば、愈々其の振動數が多くなり、終には眼にも見えない程細微なものとなつて了ふ。そうなれば合掌の振動といふ意識はなくなつて合掌それ自体が、何か靈の塊りででもあるかのやうに感じるばかりである。而して指先から風か熱のやうなものが、すう〳〵と放散してゐるが如き心地がする。是れ即ち合掌の極致であつて、靈能發現にも、治病應用にも多大の効果を、もたらし來るのは正に此の境地にまで進んでからのことである。眞暗な暗室で、かゝる極致にまで進んだ際の合掌を見れば、何だか食指の指頭の邊りが極めて薄い光にポッと包まれてゐるやうにも見えることがある。これは物理學的の光線か否かは知らないが、主觀的にも客觀的にも確かに明瞭に認め得る青白い一種の光りである。

此の振動は多數纎細になればなるだけ、それだけ自己の潜在精力及び潜在活力を旺盛にする作用を持つてゐる。何となれば此の振動增加に從つて身体內の生力現動の作用が、愈々自然化し、精微化し纎細の域に入るからである。彼の光波の如きは一秒間に地球の周圍を三回轉し其の速度十九萬哩を算し、又光りはエーテルの振動であるが、赤色の振動では一秒間に四百億、紫色となれば實に一秒時七百五十億回に及び、更に化學的に最も强烈な作用をなす紫外線に至つては、更に驚くべき振動數を有するものである、人体の作用はエーテルや光波とは自ら其の程度を異にしてゐることは勿論であるが、其の數及び回の多い程、効果の顯著なるの理に於いては同一である。

◈第二段法中に於ける精神狀態

本法式を一週間以上も練習してゐれば何んな狀態になつて來るかといへば最早や可なり靈動狀態に近づいて來てゐる。精神は何となく朦朧として、自我意識が極めて微弱になり、無念無想の境に接近し、心はふわ〳〵と空を行くが如く、淡く輕い心持を感じる。即ち作術にとりかゝり一段法から順次に始め凡そ二十分間もやつてゐれば、現在意識の活動が次第に衰へ薄れて、右のやうな朦朧狀態に入り得るものであつて、これがやがて來るべき恍惚狀態の門前である。

茲に注意すべきことは、此の朦朧狀態に入る前に、今まで聞えなかつた何物とも知れぬ響や聲の聞えて來ることである。いつも必ずそうと定つた譯ではないが、第一段法から作術して漸次進み、心持のふわ〳〵として來た際に、何の響き誰の聲とも判斷のつかない響きや聲の聞えて來る場合があるが、こんな時に、是れに氣を止め心を奪はれ、早く此の妨害より免れたいなどと焦れば焦る程、響か大きくなり終に作術を根底から覆がへされる恐れがあるから、かゝる場合には一向かまはず放任したまゝ作術を續けてゐればよい。そうすれば何時とはなく其の響も音も消え失せて、知らぬ間に無意識狀態に這入りゆくものである。これ即ち望む所の恍惚狀態の第一歩である。前から恍惚狀態といふことを度々繰返してゐるが、其れは一体どんな狀態を指して言ふのであるか、次に簡單に是れを述べて諸士の實驗と照合して頂くことにする。

◈爽快にして夢の如き恍惚狀態

恍惚狀態といふのは、既に靈能發現しつゝあるときの心持であつて、實際其の極致に進んでゐる際には其の本人には、最早や何事をも感じないので、こういふ心持であると言つて見た所が仕方のないものである。しかし作術が漸次深奥に入り、今や靈能活動が開始されやうとする直前に於いては明かに其れと感じ得る心持である。即ち固くいへば現在意識が殆ど其の跡を絶ち、代りに第六管を基調とする別の潜在精神が取つて代つて活動しやうとする其の轉換機に於いて我々の感ずる心持である。然らば是れが實際的、主觀的では何んな感じであるかといふと、早い話しが睡眠に陷るときのやうな、淡く輕く、そうし愉快味の持つた心地よい氣分である。殆ど睡眠のやうであつて只だ一點潜在精神的方面の一種神秘的の部分だけが明瞭に起きてゐる狀態で、本人は其の鋭敏なる一部の覺醒といふことにも氣付かず只だふわ〳〵として雲の上を行くが如き淡く、そうして爽快なる氣分を夢現に感じる程度のものである。此の間の消息は實際實習してみれば良く判るが、言葉で表現するのは實に困難である。

扨て心靈の、まさしく活動してゐるときには瞑目の彼方に、それが暗室の中であつても白く光る雲か霞のやうな光を見、精神は今言つた恍惚狀態に居るものである。言葉を換へていへば瞑目の彼方に白く淡く光る一面の光りを見、精神を恍惚にしなければ、全い靈動が望み難いのである。されば次項に於て更に大切なる、彼の白光場面の出現を招來すべき緊要の方法たる第三段法に移り進む。

第三段法（觀念光線の應用）

本法は瞑目のまゝで見得べき或る光線を應用して白光場面を構成し、完全なる恍惚狀態に入り、心靈の旺盛なる活動を起さしむる窮局の方法である。

第二段法の終末に於いて、瞑目の彼方に臨み得た薄光場面をして更に一層明瞭敏感にし、精神的方面から言へば第二段法の朦朧狀態の中に、一種の或る明敏なる發動素質が現はれるやう進展せしむる最終局の方法である。

斯くして白光場面が出現し、現在意識は睡眠狀態の如き鎮靜に歸し、只だ一種の神秘的活動素質のみ明敏に覺醒し初めてこそ、其處に忽然として我等の望んで止まぬ奇しき靈能が動き初めるのである。烈しい腹痛に呻吟しつゝある者をして、瞬時に其の苦痛より免れさせるやうな奇蹟、多年の身体不隨を數回の施術によつて全治せしめるやうな偉効、かくれたる物体を透視し、隔りたる事象を感知するが如き奇しき實驗、愉快なる應用等は正に斯ゝる程度にまで發現されたる靈能の偉効と思惠によるものであつて、驚嘆すべき心靈力の實蹟は、全く本法を修練し熟達したる上に於いて、始めて期待し實現し得べき所である。

◈觀念光線の應用

透視術を可能ならしめる靈力の、自由旺盛なる活動を誘起させやうとするには、先づ何を措いても是れが發動に最も妨げをなす彼の雜念なるものを排除して、いはゆる無我意識の恍惚狀態に入らなければならない。是れは既に再三言を費した所のものであるが、これこそ最も重要で、しかも最も困難なる點に相違ない。恰も豊穰なる稻の結實を望まんとするものは常に、田の中におり立ちて稻の發育を阻害すべき雜草の驅除に努力しなければならぬ。望む所の稻は、水の加減、日光の工合、肥料の關係等種々の條件によつて、ともすれば衰へ萎まんとする。これに引換へて雜草なるものは、採つても採つても後から後から生へ來りて、しかも自然に青々と肥え太り其の元氣のよさ。心靈發動に於いても全く是れと同じ狀態を呈してゐる。即ち望む所の靈動は容易に起り得ないで、押へんとする雜念のみ後から後から有勢な力を以つて押し寄せて來る。されば靈力發露の美果を得んとせば、是非とも此の雜念なるもの、襲來を絕ち、これが全き驅除に力を致さねばならない。既往に於いて此の雜念を排除する唯一の方法として唱へられてゐたものは何んであつたらうか、それは「雜念を排除して無念無想に入らう」といふ新たな强烈な思念によつて是れをなさんとするのであつた。成る程、我等の精神活動中に於いて、小止みなく湧き出して來るいはゆる雜念なるものよりは、雜念を排除しやうとする更に强烈な思念の方は力强いに違ひない。されば此の優越の力によつて、他の劣勢なる雜念を押へることは出來るであらう、しかしながら其の程度は微弱であり、奏効は低劣たるを免れない。

何となれば雜念といふのは現在意識である。而して今新に「雜念を排除しやう」と努力する意識も亦一つの現在意識に外ならぬ。してみれば現在意識を休止せしむる方法道具として又同種の現在意識を以つてなすにすぎず、要するに雜念を排除するに又一種の雜念を用ゐることになるので、恰も赤色に汚された布片を洗ふに赤インキを以つてするのと同一であつて、見るべき効果の現はれないのは寧ろ當然なりといはざるを得ない。

されば斯かる思念の妨害を拂ふに他の思念を以つてする方法の代りに、全然別途の法、即ち轉換的作用を起すところの他の方法を用ゐる方は、遙かに容易であり、速かであり、又一層其の奏効も顯著なのである。

其處で今より實習しやうとする方法としては決してかゝる大同小異の思念を以つてする方法は用ゐないのである。然らば如何なる方法であるかといへば其れは全く靈光線(狹義には觀念光線)を利用する方法である。我等の稱へる靈光線とは、一言にしていふならば眼を閉ぢて加之も見得べき一種の光りである。物理學上の光線とはエーテルの震動であつて、此の恐るべき微妙な震動が、一種の悽しい高速度の波を打つて押し寄せ來り、我等の視覺即ち眼に入り視神經に通じ、是が腦髓に刺戟を與へて初めて其處に光を認める事になるのである。してみれば此のエテールの震動波及を防ぐべく固く閉したる暗室の中で、しかも此の波及を受け入るべき眼をしつかと塞いで了へば最早や一點一抹の光線をも認め得ない筈である。然らば眞黑なる暗室にて眼を閉いで居れば、果して烏羽玉の常闇、只だ深き黑色をのみ見るであらうか。事實は全くこれに相違し、或は長く或は圓く或は糸の如く星の如く、又雲の如き濃淡樣々の薄い光りを發見するであらう。これを一言の下に靈光線と名づけておくのである。

これは生理學上に於いては他の說明をする。即ち光線の襲來する所に於い刺戟せられた視覺の一部、網膜に其の光り其の形が印象付けられ、光りの既に消え失せたる後までも先に印象づけられたる光りが殘存してゐて、其れが閉目しても尙且つ現はれ感ずる現象なりといふのである。無論それは合理的の說明であつて、確かに眼を開いて見たときの姿、形、其のまゝが閉目の後までもあり〳〵と眺め得ることによつても判ることである。しかしながら暗黑の中に長時間閉居してゐてもやはり雜多な光が見えるものである。此の場合に於いても猶且つ網膜の印象が拔けないで殘存してゐるのであらうか、一体幾時間幾百時間の後に於いて此の網膜上の反映は消失するものであらうか。斯かる細微にして不明の議論をなすよりも寧ろ、幾日かの暗黑世界に身を置いて、一抹の光線をも受けないで、しかも猶ほ見得る光りの實在を以つて、是れを單に靈光線と稱へたいのである。

而して自分の採る方法としては、彼の網膜に反映殘存する强い力を利用することを忘れないのである無論長夜暗室に閉居してゐても猶ほ見ゆる所の靈光線それ自体を直接利用しても充分の効果があり、多少既に靈術研究をなしたる人は此の方法を用ゆるのであるが、先づ最初の修練者に採りては此の網膜の反映光線即ち觀念光線を用ゆる方が容易であり、且つ修業に對する取付きが早いのである。觀念光線を應用することにのみ熱中してゐれば、先に述べた雜念等は、いつの間にか綺麗さつぱりと拭ひ去られ、遂には恍惚狀態に入り靈能は卒然として發現し來るものであつて、從來の如くたゞ漫然と雜念を排除しやうとするが如き困難なる努力に比しては實に雲泥の相違があり又偉効がある。

靈光線（狹義にて觀念光線）の應用を習練するのは本方式の主眼であるが、其の方法を說く前に、一体靈光線に限らず一つの光体を凝視するといふことは、よく靈能發現を誘起するものであつて、其の効果や、習練上の得失から見れば多少劣る所があり、遺憾なる點も少くないが、此の方法に依る靈能發現者もなか〳〵多く、殊にフランス、イタリーなぞには盛んに流行し、此の方法によつて幾多の靈能者も出現してゐるから參考までに一言添附して置き度い。

◈ 水晶凝視（クリスタルゲーヂング）

一個の水晶球を机上に置いて、是れに向つて氣を鎭め心を込め、ぢつと其の球を見つめそうして靈動狀態を作る方法である。球の一點を見つめてゐると心氣朦朧となり意識は不明瞭となり、軈て忽然として其の球の表面に念ずる所の物体が映じ來る。此の方法を用ひて紛失物や行方不明のもの、有無、存在場所等を知るのである。毎日數回練習することによつて是れも侮り難い作用を起すものである。

支那で言ふ圓光なるものは此の方法をいつたもので、主として盥に水を盛り、これを專念一途に凝視する方法を採つてゐる。敢へて水晶に限らず、凡て硝子とか水とかの如き光つたものを凝視してゐれば何れも同じ結果の現はれるもので、一口に言へば一光体に强き精神集中を行ひ、無我の狀態に入り、茲いては眞如の月の心を作り上げ、靈動狀態に導き進むの効を遂げるによるものであつて、別段不思議とすべき現象ではないのである。

諸外國で行はれた水晶凝視の實驗實例は、いくらでもあるのだが、茲では只だ、現在我國の有力なる一學者の直接實驗されたもの、內、唯だ一つを照會して參考に供するだけに止めておく。バリーの一大學生が、學校から自分の下宿に歸り、暫くして自分の懷中時計を置き忘れて來たことに氣付いたのであつた。學友數名と共に校庭の一隅にある芝生の上に上着を脫ぎ時計をも投げ出して運動した。そうして運動を終へたとき、上着は着たが時計は其の時其處に忘れたまゝになつてゐたことを、下宿に歸つてから思ひ出したのであつた。早速學校に電話をかけ此の由を告げ學校の雜役夫にその時計を搜して貰ふやうに賴んだ。翌日學校に行つて聞いてみると無かつたといふ。仕方がないから、其のとき側に居合した友人にも尋ねてみたが判らない。最早やあきらめて下宿に歸る途中、ふと其の下宿の女中がクリスタルゲーザーであることを思ひ出した。早速其の女中に時計の搜索方を依賴した。女中は自分の部屋に入り水を充滿した硝子球の前に坐して作術し始めた。暫くして其れは斯ういふ容貌の人が持つてゐると發表した。其の容貌の人は正しく自分の友人である。翌日其の友人に會つて時計の返還を申し出た。其の友人は微笑みながら、漸く判つたか、君の下宿の女中がクリスタルゲーザーなることを知つて、其の能力を試めさうと思つて隱してゐたのだ。と滿足げにポケツト深く藏してゐた時計を出して返したのであつた。かやうな例は、いくらでもあるがこれで止め、次に愈々第三段法の方法に進まう。

第三段法の習練法

前にも言つた如く靈光線の應用のみにて無論、靈能を發現し得るものにて終局は、やはり靈光線利用の方が便利である。後章にて詳しく傳授するが先づ最初の實習としては觀念光線を利用する方法を用ひたほうが容易であり、實習もしやすいから此の方法を先づ利用することにする。其れには直徑一寸五分くらゐの厚紙製、純白の圓板を用意する。五六寸平方の墨を塗つた黑い畵洋紙の上に直徑一寸五分位の白い圓形を帖りつけたものを作製するのである。

◈適當なる室及び時刻

此の法式を修練する室は第一段法の項に於いて述べたやうに、餘り光線の多く這入る明るい室は適しない。されば窓を細目に開けるか或ひは幕かなんかで窓を覆つて光線の多量に流入するを避けるやうにする。夜間ならば電燈に覆ひをして幾分照明の度を弱くする、そうして室内を薄暗くして終ふのである修練の時刻としては、勿論靜寂が必要なのであるから此の意味よりすれば、萬象の深き眠りに陷りたる深夜の刻を以つて最も好適なる習練の時刻とするが、斯く每夜、深更に起き出ることは多忙なる職務を持つ一般の人には極めて難事であり、又翌日の仕事にも差支へを來す恐れもあるから先づ十時頃として比較的靜かな室を撰び、人の出入りは暫く差控へて貰ふ必要がある。無論熟練の域に達して終へば、時や所の差異は大して障害となるものではなく、如何なる强い光線の下でも、多人數の雜鬧する中に於いても靈能は出るものである。

◈練習法

先づ晝間ならば覆つた窓、夜間ならば布片を以つて光線を弱めた電燈を背にして坐る。即ち光線と向ひ合はないやうにして坐り、第一段法、第二段法と順次に作術してゆく。此の時間は五六分間でよい。かうして心氣の落着いたとき、眼は元の如く閉ぢたまゝ、徐ろに瞑目の彼方を見るのである。其のとき果してどんなものが見えるであらうか。

白い雲のやうなもの、黑い煙のやうなもの、或ひは銀色の線、薄紫の輪、眞黑な球、其の他實に千種萬態の白色、紫色、黑色の圓や線や其他のものが、相ひ近づき相ひ重なり又放れ、廣くなり狹くなり、明滅しながら流れゆくかと思へば又止まる。雜然混然として種々に變化し運動し、場面は正に修羅の巷のやうな亂狀を呈してゐるのを見るであらう。是れが正しく凡俗狀態に於ける靈光線の狀態であつて、何等の統一もなく、又何等の力もない、いはゆる俗人の心其の儘の姿を表現してゐるのである。

扨て前に用意しておいた白色の圓板、直徑一寸五分位ゐ、五寸平方位の黑色紙の上に貼りつけたものを取り出し、正坐したる前方一尺くらゐの所に置く。而して薄明りの中にも猶ほ判然として浮き出した、此の白い圓形を、眼を開いてぢつと凝視するのである。

此の際の作術狀態は何うであるかといへば、第一段法習練時代のやうに、額に汗のにじみ出る程の深い強い呼吸は、最早や此の際にはなさず、たゞ極めて靜かな規則的な、そうして自然的の呼吸をしてゐるのみである。從つて呼吸と共に、上体が烈しく或ひは前に屈み、或ひは後に反るやうなこともない。合掌は無意識の間に細微なる振動を繼續してゐる。精神は水の如く淡く靜かである然して幾分朦朧狀態に入つてゐる。以上の如き狀態は、即ち第一段法、第二段法を通じ約二週間以上の修練をなし、更に愈々第三段法に取りかゝらうとする程度にまで進み來つた場合の實狀であつて、愈々第三段法の修練を開始しやうとして、薄明りの室に正坐し、五六分間、第一、第二段法を繰り返し實習したときの狀態である。そうして愈々觀念光線の應用法にかゝるのである。

今前方一尺の所に、薄闇ながら明瞭に見へる彼の白圓を、極めて靜かな呼吸を營み、合掌しつゝ心靜かに、ぢつと視つめてゐるのである。そうすれば其の圓形の白い光りが、眼を通じて我等の脳裡にしつかりと印象づけられる。(網膜印象といつても網膜には判定する力がなく、それは圓形なり白色なりと知覺するのは脳髄の働き即ち精神作用である)此の凝視時間は凡そ二三分でよい。而して次には靜かに眼を閉ぢ。首を普通狀態に起して其の瞑目せる前面を見る。然らば前面暗黑の中に、今見た白圓の形は明かに認めることが出來るであらう然しながら惜しむらくは、此の圓光は漸次光りを失ひ遂に消滅して行方知れずなつて終ひ、後は又ぼつとした大きな白雲の如きもの、微細な星の如きもの、其の他黑白、得体の知れぬものが縱横に飛び交ひ、再び最初の如き亂狀が展開せられるを見るであらう

但し茲に暫くの間とはいへ、彼の白圓の強き觀念光線が、貧者の一燈のやうに邊りを壓して他の雜光線を、しばし抑壓し消滅せしめ、暫くにても場面を統一したる効果を見逃してはならないのである。しかも、たとひ觀念光線が薄れ

果てたにしても、其の後に再び起る修羅場は、餘程其の勢力が微弱となり、先きの如き黑白の甚しい差異もなくなり、運動も緩漫となり、其の以前に比しては遙かに沈靜に歸し、おだやかになつてゐるものである。

閉目五分間の後、再び眼を開いて圓板を凝視すること三分間、更に閉目して觀念光線を暗黑の彼方に臨むこと五分間、かく交互に閉目開目して白圓を見詰め約三十分以上も反覆實行するのである。

觀念光線應用の白円

觀念光線應用に用ふる白星形

此の練習を毎朝夕、凡そ四五日間も繼續すれば、歷然として其の効果が現はれ來り今までの鋭い光も和かに薄れてぼんやりとし、黑い部分も幾分明るみを持つて白くなつて來る。而して光りの部分も、黑い部分も共に和かな平調に歸して靜止する。是れ即ち觀念光線應用に於ける第一段なのである。最初の場合に於いては、彼の圓板を現實に見つめたる後、瞑目し、閉目の彼方に浮ぶ白圓を凝視する際、其の出現期間は極めて短かく、見る間もなく薄れて消え去るの憾みは是れを如何ともし難い所である。

二三分間心を詰めて彼の白圓を凝視し、次に閉目して其の前方を見れば確かに眼で見たときと同じ大きさ同じ形の圓光は出現してゐるものであるが、それはほんの當座だけのことであつて暫くにして其の形は崩れ、光りがうすれ間もなく全然場面からは消えてなくなり遂には其の片影さへ認め難いやうになつて終ふ。所がかやうな憾みも、時を重ね日を重ねて怠りなく修練をつづけていつたならば、やがては白圓もしつかり見え、それが次に面白い變化を始め遂に、次に述べる白光場面の現出となるのである。氣を焦立てず氣永に反覆してゐれば、漸次に瞑目の彼方の圓光は長時間出現してゐるやうになり、そうして遂には明瞭に其の光り其の形を出現し、稍長い間其れを保ち得るに至るものである。作術に習熟し來れば、彼の白圓を凝視し而して閉目せば直ちに圓光は靜止する。

而して靜止したる圓光を專心注視してゐれば其の結果は如何やうになりゆくものであらうか。即ち精神は非常に朦朧となり、淡くなり何だか爽快と溫暖味を感じつゝ、端なき空に浮みゆくがやうな心持となつてくる。瞑目の彼方一面は靜かな光りが一杯に擴がり、最早や其處には黑白の差もなければ光りの運動もなく先に見た圓光さへもなくなり只白光の幕が極めて靜かにおろされたるを見るばかりである。

然しながらかくなるまでには順序があつて、注視するや否や忽ちに右のやうな狀態に進展するものではない。先づ圓光を注視してゐると漸次に其の光体が擴大して來る。以前には雜然として修羅の巷を展開してゐた彼の黒雲も白線も其の力が衰へて淡く靜かになり、遂には擴大しゆく彼の圓光の中に渾然として溶け込みゆき、更に光体の增大されるにつれて、遂に圓光それ自体の形も失ひ、只瞑目の彼方一杯の靜かなる光の幕となつて終ふものである。恰も白壁を臨むが如く、白雲を臨むが如き場面一杯に薄白く光つて來るものである。

是れこそ目ざす所の靈動狀態に入りたる證左であつて、吾人の求めて止まなかつた、いはゆる白光場面の出現である。不可思議なる靈能の活躍は、正に此の境地に至つて出現し初めるところの窮局の舞臺であり、靈能反映の奇しき光明のスクリーンである。

第四段法（心靈光線の應用）

前綱の觀念光線の應用と同一結果を得る方法で要は靈動の舞臺たる白光場面を作る方法であるが、前者と異る點は白色圓板などを用ひず直接閉目の彼方の心靈光線を利用する便利なる方法で、普通透視術を行ふ際は一ち一ち圓板などを持ち出して作術するやうでは、まだ一人前とはいひ難ひ、從つて少しく進歩した人は皆此の方法を用ゆべきものである。

その方法は次の通りである。

先づ最初に第一段及び第二段法を順次に行ふ。但し此の時間は四五分でよい。かくして心氣の落着きたるとき、閉目の彼方を眼を閉ぢたまゝ、徐ろに見るのである。然らば黒い煙の如きもの、白い雲の如

黒雲は次第に靜まり來る

きもの、眞白なる線、眞黒なる球、實に千種萬態の黒白の圓や線が相錯綜して實に雜然混然として種々の運動をなし、場面は正に修羅の巷の如き亂狀を呈してゐること前に述べた通りである。是れが正しく凡俗狀態に於ける心靈光線の狀態であつて所謂俗人の心其のまゝの姿を現はしてゐるのである。

扨て斯かる雜然たる光線の運動を心靜かに見ながら第二段法を繰返し作術してゐると光線の運動は漸次緩漫となり、黒雲煙霧や黒白の圓や線が漸次に其の運動が靜まつて來るものである。此の時、泰然として瞑目のまゝ、前方に光明の出現し來るを豫期して焦らず練習しておれば遂に、鋭い光線は鈍く柔かに薄れて、ぼんやりとして來る、黒い部分も少しづゝ明るみを持つて白くなつて來る。而して黒色の部も、光りの部も共に和かなる狀態となつて靜止する。是れが心靈光線應用の第一段である。

次には斯く靜止したる光りの中で比較的、光りの強い或る一つの光りを捕へることに努めるのである。淡く朧夜の如き光の中で一つの、まとまつた光体を捕へることも最初は一寸困難を感ずるものであるが、練習してゐればすぐ捕へることが出來るやうになる。最初の間は折角此の光を捕へて凝視しやうとすれば何時の間にか動いて其の光りを失ふものである。又別の光りを捕へて又逃げられ、再三光体を替へて捕へて見てもやはり悉く失つて了ふものである、最初の一日二日は正に斯かる狀態を繰り返すのである。而して遂には立派に一光体を捕へ得るやうになる。是れが心靈光線應用に於ける第二段の結果である。

今度は其の捕へたる光体を、心靜かに爽快な心狀を以て專念一途に注視してゐると漸次に大きく光の塲面が擴がつて來るものである。是れが最終の方法であるが、先づ捕へた一光体を凝視してゐると、不思議にも光体が次第々々に擴がつて來て、黑雲も白線も遂には混然と此の光りの中に溶け込んで了ひ、只白雲の中に這入つた如く塲面一体が薄白く光つて來るものである。是れこそ吾等の求めて止まぬ靈動狀態たる白光塲面、又は靈光塲面と唱ふる不可思議なる境地、即ち靈動反映の奇しき光明の天地なのである。

此の塲合に注意すべきことは、最早や呼吸などに精神を奪はれないやうにすることである。此の際、呼吸は自然のまゝに靜かに緩かに之をなして決して無理に深く强く、苦痛を忍び意識を奪はるゝやうなことをしてはならぬ。是れでは却つて心靈光線の作用進行を塞ぎ、靈光塲面の出現を妨ぐる不結果を來すものであるからである。

更に斯く白光場面を得たる際の精神狀態は如何と云ふに、最早や雜念も自我意識も消え去りて、只夢の如き淡くして壯快、麗かなる輕い心持となつて居るものであつて、焦りもなく憂ひもなく悲しみもなく苦痛もなく、正に是れ神の心となつて了ふものである。此の場面こそ靈動反映の境地にして、念ずる所のものが明瞭に出現する所謂、淨玻璃の鏡とも、眞如の月とも稱すべき靈妙不可思議の場面なのである。透視せんとして心に念ずる袋の中の物品も金庫内の帳簿も、遠地の狀景も、悉く何れも同じ此の光明場面に更に一段の白光線を以て描き出されるのである。實に体得者の天上にも昇つたやうな喜悅を感ずる、恍惚壯麗不可思議なる靈光場面なのである。

以上述べた順序は自然的、必然的に必ずかやうな經過を辿つて現はれて來るもので、毎日一定時間づゝ三日四日と日を重ねて練習を續けてゆけば誰しも以上の如き愉快な結果を得、早い人は三週間位で奇蹟を現はすに至るものである。たとひその發現は遲くとも必ず、いつかは此の不思議境まで到達するのは必然であるから、あはてず焦らず繼續し、中途に於て失望して止めるやうなことがあつてはならない

白光場面が現はれ、恍惚狀態に入り得れば始めて次に愈々實驗物を取り出して實驗にとりかゝるのである。

第三章　透視實驗秘法

自我意識がうすれて自分みづから自分を感ぜず、前方に白光場面が現はれるやうになれば以下順次に説明する方法によつて實驗をして貰ひたい。

實驗其一　形狀文字の透視法

外から見えない厚い封筒の中に封入せられた形や文字や數字などを透視する實驗である。

◈準　備

三寸平方位の黒く墨の塗つた紙の上に、白い書具で少し肉太く、3とか7とかの數字を書いたものやイとかロとかハなどの文字を書いたもの、或は黒地に白く塗り殘して圓形や三角などの形を書いたものなど、種々數枚の實驗物を準備し、そのうちの一枚を他の人に自分に知れないやうに封筒に入れて貰ひそれを端坐した前方に置いて貰ふのである。

文字透視の一例

◈實驗方法

自分は今前方におかれた封筒の前に坐し、第一段法から次第に作術し第三段法で白光場面が現はれ精神が朦朧となり恍惚狀態に入つたとき、今眼前に現はれた白雲の如き場面を靜かに見つめてゐるのである。そうしてゐると更に一段白い光が現はれ、延びたり集つたりして遂に一つの形が現はれて來る。それが6の形を見れば間もなく、その光りの文字が消え失せるが實驗はそれで既に終つたのである。實驗をして吳れた人に向つて封筒内の文字は數字の6であると言へば實驗立會人は必ず驚くものである。

是は無論當つてゐる。何も當てるのではない、明瞭に見得たものをたゞ發表するのであるから間違のないのが當然である。

◈注　意　事　項

この實驗をなす塲合に左の如き注意が肝要である。(一)先づ實驗に立會つて貰ふ人に封入すべき實驗物を心に止めて覺へて貰ふことである。圓形ならば圓形を立會人の腦裡に强く印象づけて貰つておく、そうすれば實驗は比較的樂に進行し、よい結果を得られるものである。正確に言へばこれは純然たる透視といふよりも感應道交も多分に織りませられた實驗である。即ち物体自身、封筒内の形を透視すると同時に立會人の頭腦に植えつけられた白色の圓形が、立會人自ら是は圓形なりといふ思念を知らずぐ發散し感應せしめ、これが術者の靈感に交通し感應するといふ補佐的効果があるからである。

術に熟練すれば實驗物幾十枚の中から之を裏返して立會人自らも判らぬやうに其の一枚を抜き出して封筒に入れ、之を術者が受取つて實驗し立派に透視して發表するに至るものであるが、最初のうちは立會人に覺えてゐて貰ふ方が容易である。

二、泰然自若として焦らないこと。さあ實驗となると早く言ひ當てて相手の人を驚かせてやりたいと一種の焦慮を感じるのが誰しもの通弊であるが、此の點はよく注意して焦らないやう氣を落着けることである。焦れば必ず精神の混亂を招來して靈動場面を亂すものである。たゞ前述の如く我こそ宇宙の支配者なりといふ壯大神嚴なる一大信念を以て悠然たる心境を保つて徐ろに作術すべきである。

三、自己体內の故障とか還境の都合等で作術の面白くゆかぬ場合は何等の未練なく其のときは、あつさりと實驗を打ち切ることが必要である。靈能發動が不完全にして無理に作術し、しかも不正確なものを發表して一度人の信用を失ふと自分も嫌になり今後の進展を防害するからである。

四、術が次第に進步した場合は此の實驗物は黑地に白で書いた文字には限らない。白紙に墨で書いても同じこと、後には相當長い文章までも透視し得るやうになる。

五、日をあらためて何度も實驗すること。最初の作術で形が現れなかつたならば、再び日を變へて作術する。それでもまだ現はれないときは又翌日に廻す。身心共に伸々するやうな心持のよい日に再び取り出して實驗して見れば、何時とはなしに、ひよつくり現はれて透視が出來るものである。

當院の會員中で最初の實驗、封筒內の文字透視がなか〳〵出來ず、仕方がないので每夜睡眠の際、枕の傍に例の封筒を置いて眠に就いてゐた、何日かの後、夢の中で、明かに山なる文字を見た翌日開いて見たら果して山と書いた紙が入れられてゐた、即ち睡眠中に實驗の出來た人があつた。之を多くの會員に話した處、私もさうであつたと最初の實驗を睡眠中でなし得た人が相當の數に上つてゐる。之も確かに一方法であらう。

實驗其二　隱れたる物体の透視法

箱の中に入れられた時計、隣室におかれたヴアイオリン、人の手中に握られたナイフ、といふやうな實驗物体を透視するのである。

◇準　備

最初の實驗では、鉛筆、コツプ、ナイフ、マツチなどの小さな物品を持出し、その側に他の人も居て貰ふ。

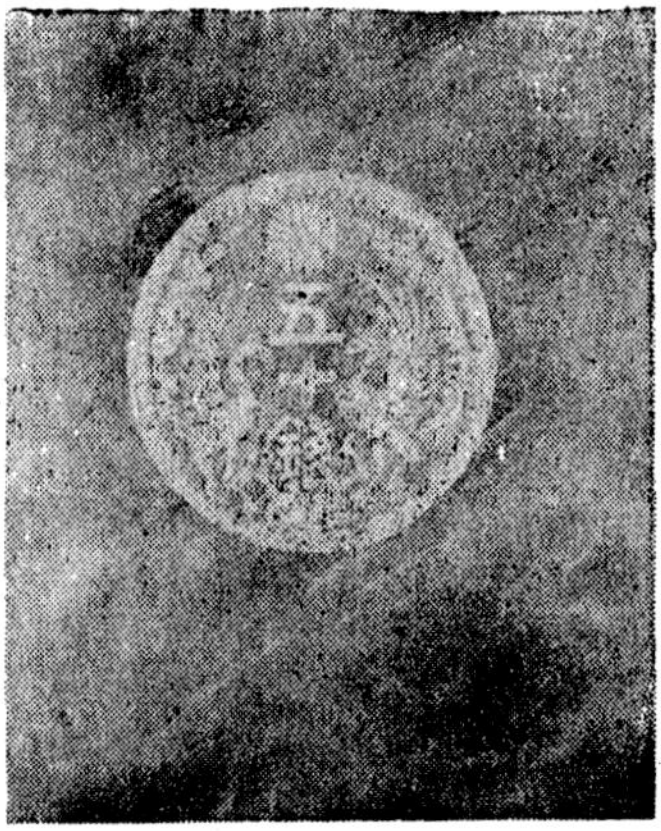

暗箱内の五拾銭銀貨透視

隱されたる萬年筆

◈透視方法

而して例の如く作術する。白光場面が出現すればこのとき、ヨシと聲を掛ける。然らばその人は最初約束したやうにナイフならばナイフを術者には知れぬやうに其の手の中に隱すのである。術者は心靜かに呼吸をつゞけ、今彼の人は何を果して隱したらうか、と輕く念じつゝ白光場面を凝視する術の力が加はり專念の注意が凝つた瞬間、白光場面の上に更に一段の光をもつてナイフの形を觀取する。其處でナイフと發表するのである。無論これも初步の實驗であるから立會人の精神活動「自分は今ナイフを持つてゐる」といふ强い意識の作用に助けられてゐるのは當然であるが相當面白い實驗である。

◈注意事項

一、無理に形を自ら創造せぬこと。例へば實驗中、何か形は現はれてゐるやうに思ふ、それがパイプのやうでもあり、菓子のやうでもあり、ナイフのやうでもある場合、自分自ら焦つてパイプに違ひないと自分で形を造り上げて失敗する場合が屢々ある。斯る場合は、焦らず自然に形の判然するまで心靜かに待つだけの度胸が必要である

二、立會人に心を引かれるな。側で自分を觀護る立會人に心を惹かれて、注意を散慢に亂しなかくく好適な狀態に入るを得ざることがある。馴れるまでは特に此の弊に陷る人が多いから豫め梵我一如の大精神を以つてつまらぬ人間一人二人位を眼中に措かぬ平靜さを持つて掛つて貰ひたい。

三、餘り度數を重ねないこと。ナイフを言ひ當てたら次にコップに移る。どれも正確に當ると自分でも興が湧き、實驗者も面白がつて次々に幾度も之を望むものである。此のとき調子にのるのが一番いけないことである。何故なれば度重なれば頭腦も疲れ、靈能機能も減退しや、混亂し初める。さうなれば

明確な答は得られず却つて悶いて増々疲勞を倍加し惡い結果を來すからで、最初のうちは先づ、二つ三つ位でその場は一應中止するのが賢明な策である。

實驗其三　金庫内の透視法

金庫に向ひ端坐瞑目其他の法式は從前の通りにする。金庫の外壁は鐵、砂、土等を充塡したる厚き不透明体なれば、一回の實驗にて直ちに其の内容物を知ることは困難である。數回繰返し實驗するうちには遂に金庫内の、貨幣や帳簿の姿を發見するやうになり、更に進むと其の帳簿の背に記してゐる金文字をも讀むに到るものである。

斯の如き順序にて逐次練習を積んで行くと箱の中に納められたもの、簞笥内のもの、人の懷中せるもの、等總て近距離のものは僅か五分乃至十分位の作術を以て明確に透視し得るに到るものである。

實驗其四　遠距離透視

箱の中の物体を透視し、又は戸棚の中の物品を透視する等、近距離の實驗に習熟すれば次に一歩を進めて遠距離透視に移る。

◈實驗方法

從來の實驗の如く白光塲面を現はし、遠地の透視せんとする目的物に思念を凝せば、その目的物が墨書の如く次第に明瞭に現はれ來り、遠方の、風景、家屋、或は人間の姿が恰も今眼前にて見つゝあるのと少しも相違がないのである。

先づ遠地にある親戚の人物を目的とせる情況を透視せんとすれば、其の家の恰好を頭に描く、未見の場合は其の家の寫眞を見る必要がある。而して後靜かに前法式に從つて作術を始める、白光場面が非常に明るく輝き初めた時を待つて、今心に念じつゝある目的の家を捜すが如き心持で瞑目のまゝ、更に前面の發光体を凝視する、暫くすると忽然として其の家屋が、活動寫眞を見るが如くに映じて來るのである。それから更に瞑目の眼を轉じて内部を見やうとする。此の時ふと氣が變つたやうな感じがすると共に、此度は室内の樣子が見へ、其處に目的の叔父や叔母等の居るのが見へ、或は立ち或は坐し、或は話す狀況は、活動寫眞を見るのと少しの差異もないのである。具さに觀察すれば叔父の一顰一笑さへ明瞭に見えるのである。かくして遠地の叔父や叔母の動靜安否が坐りながらにして知ることが出來るのである。此の場合見馴れぬ人が其の家の中で見ることがある。是は大抵來客か新に來た召使などである、必ず新なる人が確かに其處に來てゐるのである。

航海中の船の樣子を探らんとすれば、やはり前と同じく其の船の寫眞を熟視したる後、心に念じつゝ作術し白光場面を得て、さあ船を見やうと云ふ氣分にて捜せば、自然と其處に現はれて來るものである最初大海原を望み、次に波を蹴つて進行する船全体の姿を見、更に眼を轉じて船中の模樣、船長の動靜まで明かに見えるものである。本院々主が或る荒天の日、熊野灘に難破せんとする一外國船の狀況を見て戰慄せられたことがあつた、狂瀾怒濤の中に、或は沈み或は浮ぶ狀態は、眼前に之れを觀るのと少しの差異もないのである。

凡て遠視は斯くの如き形態で見えるものであつて、其の場所、其の物体の如何に拘はらず練習次第によつては何物でも透視することが出來るのである。既に近距離透視を体得した人は、氣長に隱忍練習してゐれば必ず可能の事實なのである。

◈注意事項

本實驗の場合は既に深い恍惚狀態、無我狀態に入つてから、出現するものであつて、人によつて遲速はあるが遠距離透視の出來るのは、どうしても三四ヶ月の修練は必要である。此の實驗では既に自我より遠く離れ、深き作術に這入つて了つてゐるから、自我意識は殆ど跡を絶つてゐる。斯く我より遠く離れ、深奥の靈動界に入つて了つては遂に我に歸ることが不可能ではないかと、心配する人がある。それは一應尤ものやうであるが、決してそんなものではない。我を忘れ、我を失ひ遠く深く術に這入つて了つても、目的物たる其の家屋を見、其の内部を見、周圍を見盡して之でお仕舞といふ感じがすると同時に、忽然として夢から覺めた如くに我に歸るものであるから決して此の心配はないのである。されば術に這入るときは、充分深く遠く、靈をして往く處まで行かしめ信じて恐れず進んで貰いたいのである。

實驗其五　靈力命令

靈能狀態が次第に自由に强烈に作用し始めれば、その三昧境に入り一念凝つたとき、烈しく相手に靈的命令を發し是れに從はしめる實驗である。無論言語を一切用ひないのである。

一、術者は今一人の相手と共に坐し、最初自分の精神で命令するからその命令通りにして貰ひ度いと打合せ、立會人の前にマッチ、帽子、手帳其他を並べ而して作術に取かゝる。作術進行して恍惚狀態となつたとき、一心の力をこめて、『帽子を持て』と強く思念する。即ち靈力命令を發するのである。しばらくすれば對坐してゐる相手の人は帽子をとる。實驗としては最初は此の位の程度であるが、應用方面では誠に必要な靈動にして社界生活上偉大なる功德を現はすものである。

二、ウイリングゲーム（心の遊び）

歐米で一種の遊戲として行はれてゐるものにウイリングゲームといふのがある。

友達が四五名一室に集り、中の一名を外に出し、他の三四人のものが相談の上次々に一齊に同一の事を思念して一人の友人を命令通り動かせて遊ぶ一種の遊戲である。

三人のものが一齊に『這入れ』と無言の命令をすれば、外の一人が夫れを感じて、這入つて來る。次に『あの花瓶を此の卓上に持ち來れ』と一所に思念すれば、暫くしてその一人が步いて花瓶を以つて來る。心靈學よりすれば是れは感應道交の一種であつて人間同志が最もよく感じる。次に動物にも同樣の實驗をなし得るものである。

三、眠れる猫を起し、飛ぶ鳥を落す。

本院の會員中にも斯樣な實驗を既に行ひ得る人がある。眠れる猫に強く『起きろ』と命令して起す實驗それから英國の心靈現象研究會の實驗報告中に飛ぶ鳥を落した實驗を報告されてゐる。研究會の會員が庭に數多飛びかふ雀の一匹を眼で捕へて是れに靈力を集注した。すると雀はまるで鐵砲に射られたやうに、もんどり打つて庭上に落ち、そうして身動きも出來ず横倒しになつてゐたが暫くして再び飛び立つたそうである。

第四編　透視術の應用秘法

函の中に入れられた小刀や萬年筆を透視したればとて其れは直接、吾人が社界生活上、何等の益する所もないが、斯樣なる實驗に習熟し相當な靈力發動の根源を養ひ得たる上、之を實生活に應用し多少なりとも人間社界に貢獻するに及んで始めて本院の使命の一端が達せられる譯である。今その應用方法の大略を述べて諸士の參考に供すると共に、之を出發点として益々會員諸君の有益なる本術利用の發案研究を願ふ次第である。

應用一　人心透覺と靈力命令

◇過日自宅に居ると三十五六歳の立派な洋服を着こんだ若き紳士が訪れて來た。鷹揚な態度をもつて突然二枚の名刺を差出した。見ればその一枚は私の親友の名刺である。『此の方から御話を承つて伺つたのですが』とて有利な證券投資の話を始めた。その時私の靈感には是は欺しに來たなと直感した。默つて聞いてゐると如何にもうまい話であり又誰でも信じ得る言草であつた。話の切れ目に『あなたは某社の株劵をお持ちですな』と突込むと彼は不思議さうに明かに周章の氣味にて、さうですと答へた『その會社に問題が起つてゐますから絶對に買へません』と進んで言へば彼は色を失つて歸つて了つた。實の所何か變だと思つたので話を聞き乍ら一心に作術して會社名と其の現狀を透視したのであつた(會員實話)

◇私は阪南町の五軒つゞきの洋式長家に住んでゐる。先月隣へ移つて來た家族は男二人女三人それに二人の子供で、二組の夫婦か友達同志か一寸怪しな家庭であつた。夜更けてから毎夜大きな話聲と笑聲で附近の人々も安眠を妨害されて大變な迷惑である。一体靜かな住宅地に於ける此の傍若無人のふるまひには町内大弱りであつた。それで私が毎夜作術して『出ろ。此の長家を出ろ』と强く靈力命令術を約十分間位づゝ六夜程繼續した。ところが實に不思議である。それから二三日して突如として何處にか引越して了ひ町内が、ほつと一息ついて安心したことであつた。此の長家に這入つた人で僅か十幾日で出た家は未だ嘗て一軒もない、何れも二ケ年三ケ年と相當永住してゐるのに、甚だ不思議であるがまあよかつたと町内は悅んでゐる。裏面に於て私は私の靈能の相當發達したことを心窃かに悅んでゐる次第である。　(當院關係者實驗)

初めの例は透視透覺卽ち人心透覺術を以て詐欺漢を逐ひ、次の例は靈力命令にて不道德者を逐拂つた實例である。

人心を透覺する。即ち人の心を讀む最初の修練としては、或る人に何か一つのことばかり考へてゐて貰つて而して作術の上、恍惚狀態に入つて之を感得する方法を繰り返すのである。例へば『海』のことを考へるごとする濱寺の海、洋々たる水、大きな波、或は東京灣の光景などをじつと考へてゐて貰へば、それが感應して術者の心靈中に大海の光景がふと浮ぶ『海です』と發表すれば無論その通りである。

又一方靈力命令は當方の靈力を集中して一途に強く相手の心中目がけて強烈に或る思念を吹込み相手をして之に感じて或は動かしめ或は止まらしめ、或は弱らしめ、或は强大ならしむる方法である。

靈能發現狀態に入つて强い靈力を相手に放射する練習をなしゆけば遂に思はぬ効果をあげ得るものである。

或る會があつて大勢熱心にその會の事業遂行につき協議を重ねてゐたが、その中の一人、非常に頑迷で、利己的で常に協議がまとまりかけては彼のために攪亂されてゐた。近日開かるべき會議では今度こそ是非まとめなければならぬ緊急の事態に接迫してゐた。彼が居つては甚だ困る。そこで作術をして彼が出席出來ないやう謀つたのである。幸にも彼は遂にその日、顔を見せず漸く議事が決定したのであつた。後で聞けば當日惡寒がしてどうしても外へは出られなかつたそうである。

即ち本術の應用その宜しきを得ば、善事善人を皷舞踴躍、力を與へ之を救け、惡事不德者をして消沈無力ならしむる大きな功德をあらはすもので個人の惡癖矯正等に利用しても又偉大なる効果を顯現する

應用二　相　場　透　視　法

精神文化の普及發達を計り豪健なる精心の確立を策するにあらざれば、一國の基礎を鞏固にし社界の向上發展を期することは素より不可能のことである。然しながら今日の如く世界各國各々自國を本位とするブロックの構成にのみ汲々として、ます〳〵經濟戰の激化せる現狀においては、又一方、一國財界の基礎を强化し、國富の蓄積に傾到し、此の世界の趨行潮流におくれを取らざるだけの用意と努力が肝要である。

されば精神問題を主とするのが本來、本院の使命とする所であるけれども、時代の要求と、一部會員の希望により特に本問題を研究實驗して得たる所の結果を左に發表し、之を基本として會員諸士の修練に資する次第である。

新東株なり鐘紡なり或は期米等一つの目的物を確然と自己の腦裡に刻印し思念し而して作術をなす時

は遂に一定不動の形態の下に、やがてそれが現はれ來るべき實体を豫知し、その表現を捕へることが出來るものである。

元來、經濟界の趨向、物價の高低等も、決して其日其日の氣まぐれにて浮草の如く浮沈してゐるものではなく、其處には諸種の因果關係があり、據つて來る所のものがあつて、此の間一定の規矩があり、律があるものである。即ち自然の理法に從つて一定律の高低循還が繰返され、決して偶然出鱈目に浮動してゐるのではない、今より高くなるといふ時は、既に其の内面には潜在の氣が充分かもし出されてゐるもので是が表面に顯はれて、初めて物價に高低を起すものである。されば明日昂騰せんとするときは本日既に其の内面には此の趨向の氣が潜在充滿してゐる筈である。來月の低落は本月既に其の內面的趨勢が醸成されてゐる筈である。此の氣を靈感によつて覺知すれば自ら將來の趨向を豫測することが出來る譯である。本院の研究した表現狀態は次の如くである。

一、白光斜線の出現

鐘紡ならば鐘紡の既往の動きを大体頭に入れた後、除ろに作術をなしその將來の動きを思念しつゝ無我境に入るのである。然るときは白光場面の右の方より斜に上方に向つて一段白き光りの線が出現する。此の場合、鐘紡の今後の動向は昇騰を意味し、これに反して斜め下方に走るときは下落を意味するものである。されば上向斜線が出現すれば買ひ、下向斜線の明示によつて賣るのである。院主石崎師の表現方法は右の如き斜線によつて豫知してゐる。透視術は適確なものであるといふ活きた證據を表はすために時々作術して株式の騰落豫想を發表してゐるが、今日迄の成續では百貳拾回の發表に對して拾回の誤謬率が現はれてゐる。先づ概ね適中したといふべきである

二、罫線型の表示

當院關係者の或る一人は罫線型の示現によつて常に豫測を發表してゐるが、是れも侮り難き適中率を示して一同を驚かせてゐる。この示現法は、日產ならば日產に關して豫め、過去數ケ月の騰落を書きたる罫線を作り、之を凝視し、然る後、作術を開始し恍惚狀態に入る。然らば白光場面中一段光りたる白線を以て今實際に描かれたる實線の次に、その光りたる線を以て或は上方に、或は下方に延び行く姿を見るのである。此の判斷は前項の如く上方に延びて行く線を見れば今後の昇騰を知り、下降の線を見れば今後の下落を知るのである。

三、圓形光体の運動によつて

又或る一會員は作術せば白光場面中に必ず小さき圓き光りの丸が現はれ、それが暫くの後運動を起す、その動きの方向によつて今後の騰落の趨勢を知るこいふのである。

四、頭腦に閃めく靈感によつて

かやうな光体の仲介がなく、作術してゐるとたゞ譯もなく、高い〳〵と感じ其後の實狀を注意してゐれば、實際ぐん〳〵昂騰步調を示し、又或る時は安いと感じ其後の實績に徵せば果して安く、此の豫感の確實性を知つたといふ人がある。即ち一種の靈感によつて高低が明かに頭腦に閃めき之を知る方法である

五、數の靈感を得る場合

作術中に偶然、數を感じそれが天井となり底をつくる場合がある。例へば最早や數ケ月も連續昂騰を續けたるとき、二七といふ數をふと感じ間もなく二百二十七圓にて天井を打ち後は下落奔落に入るやうなこと、九六と感じて九十六圓にて大底をつけたるが如きこともある。白線にて現はれる間に、作術中ふと數の靈感の閃めく場合もあるから、是は必ず捕へて判斷し、當時の實狀に適合

したる處置をとらねばならない。

以上の如く修得者の個人性能といふか、習慣性といふか、その表現の方法において、又形態において幾分の相違があるが、常に習練して熟練の功を積めば、何れも相當の正確さを有し奇妙に適中するものである。要するに先づ目的とするものを頭腦に印象し、而して其の目的物の今後の動向を思念しつゝ、作術を續けゆけば必ず何かの靈示が出現し來るものである。

◈注意事項

相場は意地惡き生物であつて常に人の意表外に出る。高かるべきものが俄かに安くなり、下落すべき筈のものが突如として昂騰し、正に人をして冷水三斗の感あらしむ。但しやりやうに依つては是れ程すなほな單純なものはなく、安かるべきを知つて暫くすれば飜然として暴落し來る。高かるべきを知つて暫くは、ぐぢ〳〵と保合を續け何れに赴くか何如にも不安のやうなれども、結局は必ず騰勢を示し來るものである。眞の相場の實相を見るべき精神的用意を忘れ、たゞ凡俗の心を持つて過去の罫線の姿を唯一のたよりとしたり、干支九星の廻りに運命を委せたり、財界の材料をのみ唯一の指針となせるが如き狀態にて慢然相場道に飛び込むのは、まさしくガソリンをかついで火中に入ると同斷である。

身を亡ぼし家產を燒き盡し、猶ほ近隣緣者のものにまで類燒の浮目を見せ、折角望んだ殖財の片鱗さへ見るを得ず、却つて總てを失ひ總てを破壞する實に恐るべき結果に立至るは當然のことである。されば相場界にて健實なる成功を得んとする諸士の、必ず守るべき心得、及び作術上に於ける注意事項を左に掲げて參考とする。

一、作術上目的物を一定し餘り多種類にわたらざること。期米ならば期米、綿絲ならば綿絲、株ならば、新東、日電、日産、鐘紡等幾十種の內、常に二三に限定すること、多樣に亘りては互に錯綜混亂して正確なる結果を得ることが出來ない。

二、少くとも今後一週間、一ケ月の趨勢を基準目標とすべし。毎日の小綾を小掬ひせんとするが如きは遂に大怪我の素なり、明日の上騰を感じて買ひ、翌日作術が充分行はれず、從つて買玉を其のまゝとなし明後日の大暴落に逢ひて一敗地にまみれるが如きは小掬主義者に往々見る失敗の原因である。

三、されど最初の練習は明日を目標とせよ。

卽ち修練時代は賣買をなさず、たゞ毎夜心靜かに作術し思念を凝し、新東明日の動きを心に念じて無我境に入つて光を見、それを明日の實際と比較する。而して次第に練習をつみ修熟し然る上、今後の中勢を知り卽ち今後一ケ月は如何なる方向に向ふかを豫知し、之を實際と照合し、相當の自信と適中率を得たる上、始めて實戰に乘り出すことが肝要である、要するに相場は年中あるものである。焦ることをやめよ、決して急ぎあはてることをしてはならぬ。

四、先入主と慾心を去れ

白紙の如く、水の如く何等執着なく拘泥することなく作術すべし、作術する前に今日あのいはゆる相場通の人から今度の相場は必ず下ると聞かされたが多分下るであらうとか、自分が今買つてゐる。上ればよい是非上つてほしいといふやうな、不純なる先入主や慾心をさらりと棄て丶水の如く白紙の如く純な朗かな氣持にて作術に取り掛つて貰ひたい。かうして浄らかな心で充分作術し得た結果に於てのみ正しき適中を示すからである。

五、度數繁きは失敗の素。

本當に大儲けをする相場は一年に三回より出ない。損得兩方を續け百度やるよりも損なき此の三回の出動の方は大きく、足も速く得る所も大である。しかし乍ら相場を一種の趣味とする人には年に三回位では堪へられぬ淋しさであらうから今少し度數を増してもよい。但し作術の充分出た時に限る。作術の結果の不明瞭なるとき、い丶加減の想像を以てしては絶對注文を發してはならない。

六、恐れ慄き、周章することを止めよ。

相場は決して怖るべき魔物ではない。たゞ用意なくして飛び込みたるときは恐るべき怪物となる。又たとひ作術不完全にして建玉に反對の結果が現はれ來ればとて、震ひ上つてあわてる必要は少しもない。

泰然として下腹に力を入れて笑つてゐればそれでよい。度胸小さく恐れる者にのみ貧乏神は悦んでとりつくものである。笑ふべし落付くべし而して徐ろに再び作術せよ。從前通りの結果が出れば猶暫く相場は反對に進むも放擲しおくべし必ず元に戻りやがて利が乘つて來る。萬一今度の作術の結果が前の作術と反對の方向に現れ、現在示しつ丶ある相場通りの白光線を確めれば其處で笑つて損切して次の機會を待つのである。

此の度胸養成には本術の第一、第二段法を繰り返せば心氣靜まり雄大となり悠然となり僅かばかりの損失位に心を挫き氣を打たれるやうなことがなくなつて來る。これこそ大成する一大要素であつて僅かな損失が怖くて震へるやうならば先づ、建玉をやめて今一度、一二段法修業のみを當分續けるべし。

七、無理をなさゞること

今一つ注意すべきは無理をなし、あるだけの資金を全部一度に入れ上げて、手一杯玉を建てるやうな無謀な眞似をしないことである。かやうな眞似は決してしてはならぬ。資金の半分、しかも玉數少くして徐々に進むのが結局大變速いことになるのである。

以上主としていはゆる相場道における株米に就て説明したが、是を他の商品卽ち、硝子、紙、鐵、肥料其他如何なる種類の商品相場に於ても、その一を選んで目標とし作術すれば、同じ結果が得られるものである。

應用三　運命透視法

凡そ吾人の運命は、此の世に生れ出でんとする瞬間に於て定まるものてある。母体より出で、初めて此の世に出づる其の年、其の月、其の日、其の時、其の瞬間に於ける、宇宙の氣魄、天の配劑を体得して此の世の生存第一歩に入るのである。

されば人の此の世に生を享け遂に死滅に至るまでの、禍福、吉凶、苦樂の道程は決して偶然に轉化して行くものではなく、必ず既定の運命の軌道に從つて進み行くものであつて、或時は順境に樂しみ、又或時は逆境に泣くのである。丁度汽車は一定の軌道に從つて走り、或時は優麗なる花園の畔に出で、又或時は息も苦しき暗黑のトンネルに入るが如くである。哲學上のいはゆる宿命論とは是れを指して言つたものである。

然しながら人生の運命の軌道には幅がある即ち餘猶があるのである。其の爲め各人は其の各々與へられたる運命の最上部を通過せんとして努力もし奮勵もするのである、とは言へ逆境の界を走る際に、非常なる幸福を得んとするが如き全然反對の方向へは行けないもので、惡い時にはやはり惡いものであるトンネル内の採光通風を如何に完備せしむるとも、やはり天日輝く花園の美麗爽快なるに如かざると同理である。

右の如く人の運命は其の將來に於て進むべき方向は、略々定まつてゐるのであるから、此の潜在運命を透視感應すれば其の運命の大略も覺知すべき筈である。されど最初よりなかく是は分るものではない。先づ最初の實驗としては

一、或る人の將來を知らうと心に念じつゝ其の人の前に端坐し作術に入る、

此の時靈感によつて何かしら自分の心や身体に壓迫苦惱を感じた場合は、正に其の人の將來は今よりトンネルに入るを意味するものと解して間違はない、之

に反して何かしら愉悦を感ずる場合は、此の人の運命は今から幸福に向ふの時である。驚愕衝動の感ずるのは、近き將來に何か異變の起る證據と見て差つかへないのである。

二、被作術者の前に坐し、平靜に作術なしつゝあるにも拘はらず、彼の恍惚狀態に近づきながら白光場面のいかにも亂れて穩やかでない場合に此の本人に何か面白からぬものが待ちまうけてゐるものと見て注意を與へる必要がある。反對に朗らかにして靜かに淸き白光場面の現はれる際には平穩幸福、物事の成就を意味するものとしてその通りに回答して間違ひはない。

三、又或る惱みを藏して胸を痛めてゐる人の前に對坐し作術してゐると大略その惱みが當方に感應して來るものである。

例へば先年當院へ會社員らしき紳士が訪れた際、之を應接間に招じ入れ、二三言葉を交してゐる中に私の腦裡に、老人と、幼女の姿がふと感じ來つたため『御老人と孃ちやんの身の上の事でせう』と答へると、その紳士は手を揉みながら『全くさうです。二人の行衛が判らず、あちこち捜索もしましたが全然その行きかたが判らないので困つてゐます』といふのである。此の社員の勤務する某會社、有名な食料品製造會社で大阪に本店を有する其處の重役の身內の老人と幼女が、突然行衛不明になり幾日たつても歸りもせず親戚中を捜したが判らず一同心を痛めてゐるから、その行衛を透覺して貰ひたいといふのが來訪の目的であつた。

晝夜二回二日間計四回の作術共その結果は同じく、お氣毒にも此のお二人は既に死して横はれる姿のみが現はれる。場所は大阪市の東方、附近に建物を見ず。これだけ判つたから早速之を通知した、果して間もなく大阪の東方にて之を發見した通知に接し、悲嘆の餘り我等も其の盛大なる葬送に參列し、不慮の死をとげた二つの靈の瞑福を祈つたことであつた。年老いて幼女を伴ひ親戚の家に行かれる途中、如何にしたものか夜となり田甫の溝に墜落不慮の死を遂げられたのであつた。

次第に數に當り、慣れるに從ひ斯る運命透視も自然各人の種々なる變化を精細に感得し、之を慰め是に勇氣付け得るやうになるものである。

惱みを持つ人に對して何より大切なるは、彼の雄大なる印度哲學の根本精神を說き、人間の小事などに餘り深く強く捕はれず拘泥せず、怖れず惱まず心配せぬやう、勇氣と元氣を附與してその苦惱を輕からしむることである。

精神力さへ雄大に持ち之に堪へ得る力を附與せば人事總てのことは案外輕く容易に解決し、たとひ最惡の場合たりともさして驚かず而して締め思直して再び更生の途に着き得るものであるからである。

應用四　靈力治病術

精神治療法は、近來醫學界に於ても重要視され、是れが研究應用の程度は益々擴大され今やまさに、藥物治療、光線治療、電氣治療、等と相並んで治療界における重大なる一分野を構成し、科學的立脚の下に一大責任を負ふこととなつて來たのである。

心靈治療は今後ますく一般に普及し利用せられ、愈々その實績を擧げ吾人々類生活上に多大の貢獻をもたらすに到るであらうことも期して待つべく、最早や時の問題である。前掲の心靈發動術を實修し之を治病術に應用せば實に不思議なる作用を起し、偉大なる奏効を具現し、執拗なる難病をもよく治癒するものである。

其の施術方法を說く以前に當つて、かゝる偉大なる靈力の未だ發現しない普通の狀態における精神を以てしても、いかに精神は鮮かに强烈に肉体を左右し指揮しつゝあるかを一言說明する。

一、精神の指揮は鮮やかなり（体心双闘論）

精神は肉体を勝手に支配し變化せしめつゝある。吾々の精神といふものは誠に微妙な働きを持つてゐるもので、此の精神が吾々の肉体を勝手に支配し變化せしむるの事實は、全く想像以上に强烈なものである。

精神が平靜で爽快なるときは肉体も是れに從つて充分の發育活動を繼續してゐるが、一旦、精神に故障が起ると肉体の方も同時に其の健康の輝きは次第にうすれて痛ましくも衰へ始めるものである。精神と肉体との密接なる關係は、恰も水と船との其れの如くである。水が靜まつて鏡のやうに穩かであれば船は平穏爽快なる航海をつゞけることが出來るが、一旦水が其の平調を失つて狂瀾となり怒濤となれば船は一上一下あらゆる狂態をつくして遂には覆滅の憂目にあはなければならぬ。船の安らかな航海も怖ろしい覆沒も一つに係つて水の動靜によるものである。同様に精神が平調爽快であれば、身体の各機能も盛んに活動して何處に一つの故障も生せず愉快なる健康を保つことができるが、是れに反して精神に缺陷が生じると忽ちに生理機能に作用して、身体を虐げなやまし遂には疾病の苦惱に呻吟せしむるに至るものである。

病の巢窟のやうに荒みはてたる肉体でも一度び空明壯快にして强健な精神を吹き込めば、夫れが身体に作用して此の肉体を淨め引締め、遂に廢滅に瀕した身体をも再び壯健に導き漸次、病を恢復せしめるものである。恰も意志弱き主人が家業を怠り一家が倒產の悲運におち入つた際、立派な支配人が來て善後策を講じ再び家運を取り返すのと同理である。

斯くの如く靈肉一致密接不離の關係を指して体心双關論といひ醫學上、哲學上の重大なる科目として研究され此の微妙神秘なる作用を利用して、不治の難疾さへも着々治癒するまでになつて來てゐる。

スピノザの『靈と言ひ肉といふも畢竟同一物の兩面を臨みしにすぎず其根元は一なり』と說いたのは此の間の消息を明瞭に表現したものである。

最近かやうな實例がある。獨逸の一大學生が空腹を忍んで下宿に歸るやいなや、餘りの空腹に堪へかねて、取るものも取りあへずテーブルの上にあつたパンを貪り喰べた。其の時傍らにゐた友人が、其の學生の餘りにうろたへ貪り喰べた容子がおかしかつたので不意に戯れ氣を出して、君、其のパンの中には砒素を入れておいたのだ、狂犬を殺すためにたつた今砒素を入れたばかりだ。大變なことをした。君は多量の毒を喰つてしまつたのだ。といい加減な冗談を、さも眞實らしく述べたてたのであつた。其れを聞いた例の學生の顔が、みる〳〵裡に眞蒼となつた。やがて呻吟し初め間もなく昏倒した。他の學生は俄かにうろたへあわてて醫者の元に走つた。醫者が來て診察の結果、是れは毒素の中毒であると診斷して手當てをするやら大騷ぎになつたといふことである。其の學生はパンこそ喰つたが決して事實砒素を喰つたのではなかつたのであるが、友達の戯談を信じきつて、あゝ自分は大變なことをした、毒藥砒素を喰つて了つた。といふ固い堅い信念と恐怖の情が、生理的に身体に作用して全く砒素の中毒と同一の作用を起し、同一の現象を呈するに至つたので醫師も毒素の中毒なりと診斷したのは其の反應狀態から見て決して誤りではなかつたのである。精神の肉体に及ぼす影響の觀面密接なる有樣は此の一例でも判る通りである。

精神の愉快不愉快は直ちに血液に影響し、次に身体全部に及び或は好調に或は病的に變化せしめるものであるが、最近米國の或る學者が此の點に關して化學的の反應試驗法を發見し實驗してゐる。憤怒に燃えてゐる人の血液中に或る化合物を投ずれば、その藥品は汚い赤色に變じ、嫉妬の塲合は綠色に、恐怖に驅られてゐる血液は灰色に、希望や愉悅や愛情が胸に湧躍してゐる際は金色の反應を起すことが判明した。

次の例はテユーク氏の實驗發表であるが、曾つて或る婦人が、やがて其の婦人の家に來客があるので饗應すべき御馳走を作るために、氣も焦々として台所で働き、或は室内を掃除したり片付けたり、眼も廻るやうに多忙を極めて準備してゐた。其のとき其の婦人の幼い姉娘が二階の階段から落ちた。多忙の眞際中であるが仕方がないから其の子供の頭を冷したり藥を塗つたりして手を盡した後、靜かに寢させた。けれども此の爲め其の婦人は烈しく氣を打ち心を動かしたのであつた。それから間もなく產れたばかりの妹娘の嬰兒に乳を呑ませた。乳を吸つた嬰兒は急に發熱し、苦しみ痙攣を起し、其の後二日にして嬰兒は敢なく黃泉の客となつて了つたのである。

又或る母は烈しい驚愕の後、乳兒に乳房を含ませた所が、今迄で機嫌よく遊んでゐた其の子供が俄かに悶き苦しみ、之れもとう〳〵死んで了つた。此のやうに驚愕の情は、乳を毒化して遂に嬰兒を毒殺するやうな結果を起したものである。

又憂鬱の情緒は、身体内の有機官能を甚しく亂して特別の作用を起し、此の亂された神經の力は血液に作用して身体内に鴆素に似た毒素を發生せしめる。されば憂ひに沈む人の血液中には恐るべき鴆素を嚥下したと同じ毒素を含有し、これが全身に傳播されて漸次に身体の各部を犯し衰弱せしむるのである

◈愉快の良藥（黃金反應）

希望とか歡喜とか戀愛とかの感情は、誠に皷吹に滿ちた華々しい麗かな心持であつて、これ等の感情が全身にみなぎり血液に黃金反應を與へるやうな場合には、身体各部に最も好ましい生理的活動を誘起

し、胃も腸も、神經も頭腦も、血行も筋肉運動も、暢々と心地よい活動を營み、自然身体全部のうるはしい健康が輝きそむるに至るのである。

◆悲しみの毒藥（灰色反應）

貧困で常に生活の不安に脅やかされ、事業に失敗して心鬱々として樂まず、恐ろしい天災地變に會つて烈しい驚愕の情に打たれ、或は又人の批評や暴力にあつて惱ましい心を抱き、自動車電車の如き氣忙しく且つ危險な交通機關に常に脅かされ氣を使ふ等日常吾等の生活途上に於て身に降りかゝる諸々の不幸が、絕へず恐怖となり不安となり惱みとなつて吾等人類を苦しめにかゝつてゐる。此れ等日每の壓迫を適當に拂ひ除け、時にはうららかな氣持に返し、爽快な心持を甦みがへらしめなければ、遂には我等の肉体を殲滅に導いて了ふものである。

是等の不安恐怖等の感情が起つて來ると、先づ呼吸機の活動力を弱めて呼吸が非常に淺くなり、やゝ窒息の氣味となり、昂じては肺を犯して肺炎の狀態となる。次いで胃腸は弛緩し働きは衰へ、食物の嚥下困難となり食慾は減じて消化不良となる。更に血液の循環方面でも其の機能が衰へて、循環血量が俄かに減じ、從つて古血が各所に停滯する、身体の掃除役、營養役を務める大切な血液が方々で罷業を起し出しては堪つたものではない、厭でも病人になつて了はなければならない。

是れを今少し專問的にいふならば即ち之等の烈しい惡質の刺戟によつて身体内に或る錯綜を起し、精神的腫物が生じる、此腫物が精神を壓迫し初めると身体の機能を害して遂に病人にしてしまふのであるから、先づ不自然な錯綜を發見し之れを取り除くことを怠つてはならぬ、即ち此の種の障害を取り除くには精神的乃至心靈的方法で處分するのが最も有効で且つ直接的である。心靈治療の必要もおのづから玆に存し重大なる使命を果す以所となるのである。さればとて心靈治療は只に精神的誘因に基く疾病にのみ奏効し、他の諸病には無効なりや、といへば決してそうではない。其の起因の如何に拘はらず、疾病の種類を問はず、實に顯著なる實効を奏するものであることは實驗者の等しく驚嘆しつゝあるところである。次に本院にて實施しつゝある偉効を奏する獨特の靈力治療方法を紹介する。

第二　靈力治病術の方法

一、作　　術

靈力治病術を實施せんとすれば、先づ病者の前に端坐して除ろに作術を始める而して靈能發動狀態に入るのであるが此の方法は既に作術の項にて述べた通りである。

二、疾　患　透　視

被術者の患部病狀を病者に述べしめ、其の疾患部に對して次項の施術を行ふのが普通であるが、病者には何事も語らしめず術者の方から疾病を透覺して之を知り機先を制して之を發表すれば一層靈力治病の効果を增大するものである。

何となれば一人の病者に對して突然、『君は三年以前より鼻の病で苦しんでゐる。夜更しばかりして勉强し、しかも酒を飲むから、なか〳〵快方には向はない。今から施術して立派に治してあげやう。しかし養生と食物の注意も肝要である』と突如、何等自分の平常の樣子も生活も、身分も、嗜好物をも知らう筈のない他人から斯樣に言はれ、しかも一ち一ち適中してゐる塲合には全く喫驚せざるを得ない。而して術者の恐るべき能力に魂を奪はれ、同時に絶對的信頼と歸服を促され、ひたすら施術を熱望し之に歸依する心持となるからである。

作術の深徹は無論第一條件には違ひないが、更に被術者の心境をして斯やうに强く信ぜしむる狀態に置くことも忽かせには出來ない。此の意味よりして病者の生活、病因、疾病の種類等を透覺して、先づ發表することも多大の効果と意義の存するものである。

次に患部透視を行ひ疾病の狀態を透視するのである。例へば肺病ならばその肺部を透視する。肺の一部が黑雲の如く薄暗く見えれば、それは正しく浸潤を起してゐる病瘡の個所である。かくして發見した個所に向つて次項の施術を行ふのである。

要するに何處が惡くて此の人が來てゐるのかは、作術すれば直ちに透覺するものである。即ち病者の心中には强い惱みが植えつけられ、それはかり思ひなやんでゐるからである。例へば『胃が惡くて困る食事も美味しいと感じたことがない。從つて勉强も仕事も臆劫で出來ない。早く全治して呉れゝばよい』

と相當深く強く此の事ばかり思ひなやんでゐて病者の心の大半を占有し盡してゐるから、人心透覺の方法を以てしても、直ちに術者には是れが明かに感じて來るのである。而して之を發表すれば病者の精神は統一され施術を完全に受け入るべき適當なる狀態となり來る。

三、施　術

A合掌放射。作術し一念凝つた合掌の指先を、其の患部から約五六寸の距離に近づけ、更に術者は下腹部に力をこめて專心一途に強烈なる作術を續け、前述の人体ラヂウム(メスメルの言ふ動物磁氣に該當すべきものか)の放射施術を行ふのである。

此の時間は約十分間位を適當とする。之を每日二回、乃至數回繰返して施術すれば、疾患は不思議に治癒恢復なし來る。又顫動を起した合掌を解いて、一つの手の掌にて患部を靜かに撫でる方法を施すのも相當効果がある。

術に入り靈動狀態となつてゐる際には、第二段法にて說明せる如く、合掌それ自体が一分間に數百回の振動を起してゐるものであつて、此の際指頭よりは薄紫の烟の如きものが放射されつゝあるのである是れ即ち人体ラヂウムの放射であつて本院獨自の秘法中の秘法なのである。氣合術、催眠術に比して一段顯著なる奏効を遂げつゝある、本院治病法の効顯偉大なるは實に此の秘法があるからである。

此の人体ラヂウム放射線を、患部に通じると、自然に刺戟を與へて其の患部の生活機能が旺盛となり俄かに壯健な活動を開始する、其の爲め病菌の勢力は弱められ、人体有機々能の方が漸次に强烈となり病菌は次第に衰へて遂に死滅に至るものである。即ち如何なる重患でも、度數を重ねて本術を行ひ、人体機能を益々盛ならしめ、壯健ならしめば遂に患部も癒へて、元の强壯狀態に復歸することは當然の理である。

物理學的、醫學的に研究して、本術の疾患治療に有効なるは右の機能を有するからである。

B暗示の靈通。此の施術中『本病は必ず治癒するものなり』といふ强い信念を暗々のうちに病者の精神に吹きこむことである。一念强く、此の强烈なる信念を吹きこみ、靈から靈に通じたる一大確信は病者の精神中において第二次的不斷の心靈治療を行ふことになつて、奏効上大なる役割を演ずることになるのである。

方法は簡單のやうであるが以上で充分である。たゞ術者の信念の强弱作術の深淺誠意の厚薄によつて、治癒の遲速が現はれるのであるから、飽くまでも熱心と誠意をその根本として作術し、施術しなければならない。

獨逸醫學界の泰斗コッホ博士は熱心に此の精神的療法を研究し、博士自らも既に一大信念を自得せられ、或る醫學會の席上、自ら培養せしチブス菌を多量に嚥下し、吾人々類の精神的熱烈なる信念は、直ちに肉体に作用して血液中にアンチドート（反抗素）を作り病菌を死滅せしめ、病を治すといふ一大事實を實驗せられたのであつた。

靈的暗示の確信が强烈なる塲合、病を驅逐するの如何に適確、迅速なるかは右の例を以てしても自ら明かである。

自己治療の際は、合掌の指先を自身の患部の方向に向け、而して一大確信を保持しつゝ、作術することと被術者に對してなすと同じことである。

應用五　膽力養成法と頭腦明快法

氣の小さき人。常に憂鬱にして心淋しき人、心配性の人、悲觀的の人は特に本術の修業を積んで貰ひたい、敢て白光場面を望む必要もないが、第一段法にて强い腹力の充實が出來、第二段法にて合掌作術を完成し、而して本書の各所に述べた人生哲學を知り、神と相通じ雄渾なる精神が体内に芽ぐみ初めれば、人生の日常些々たる小事には何等拘泥せず恐れず、心は愉快に廣く恰も陽光降りそゝぐ大洋の如く、宏く大きく朗かな氣持が自然に湧き起り、生れ變つた人間に變化せしめるものである。

學生諸君の頭腦明快法としても、受驗の際の度胸養成にも本術の修煉は多大の功績を現はしてゐる。

本院關係者の子弟諸君が晝夜頭腦を酷使する受驗前の勉學奮鬪の際、その勉强の合間に、僅かばかりづゝ本術を實行して頭腦の轉換を計り、その疲勞を慰し、再び記憶力を增大し推理力を汪盛ならしめ、体力の衰弱を防ぎ思はぬ好成績を擧げつゝあるが、是れ本術の大なる功德の一つこいはねばならぬ。

愈々試驗日が接迫したとき一日のうち僅か朝と夜こ各二十分間づゝ作術練習せば、準備勉强の進行を促進する一方、試驗場に於ても危惧萎縮することもなく自己の全能力を充分發揮し得るものである。更に万一不合格に終るが如き場合ありこするも、彼の若き青春を持ちながら一途に思ひつめて惜しや鐵路の錆こして消ゆるが如き不始末なここは起り得ぬ。作術を練習すれば氣宇宏大こなり、人生の活路は四方に發するを知り僅か一校の入學不可能くらゐで氣を落し人生を悲觀するやうな狹き考えは消し飛んで了ふであらう。

應用六　受驗成功法

學校に入り學問に志すものの其の目的とする所のものは、即ち自己の智能を磨き德を養ひ、他日實社界に出でて後、有効なる活動をなし有用なる貢献をなし得べきやう、是に適する素地を作ることが其の要旨とする所である。

されば智能の啓發、德操の涵養それ自体が、本來學生の責務であり使命であつて、唯方便として其の間に課せられた、試驗の合格などは決して其の目的でもなく本領でもない。

然しながら、今日の如く各方面を通じて向學熱が旺盛となり、學校志願者の激增せる場合に於ては、普通の人が普通の勉强をしたのみで、此の激しい競爭に打勝ち、衆に拔きんでゝ、他人を壓し自分獨り、入學合格の榮冠をかち得ることは恐らく至難のことである。たゞに入學の場合のみならず、進級試驗、卒業試驗等に於ても巧に是に善處して、優秀なる成績を獲得するにあらざれば、他日社界に出でゝより、或は人物採用上或は出世向上の上に於て非常なハンヂキヤツプを附せられることなり、將來の榮達に影響する所、決して僅少ではないから、たかゞ方便の試驗くらゐと輕視し難い問題である。

されば小學、中學、大學の如何を問はず、苟くも學窓にあつて勉學にいそしむものに取りては、此の試驗成功法の實行は相當重大要件として愼重に考慮すべき問題である。以下本院に於て實行しつゝある有効なる方法を傳へて諸士の實習を願ひ、その成功を祈る次第である。

一　受驗準備中に於て行ふべき方法(注意事項)

(A)体力の養成、及び記憶力、推理力を旺盛にす。受驗準備中は自然過度に頭腦を使ひ、運動も不足勝となるものであるから、是に堪へ得る体力の養成が肝要であり、同時に酷使されても尚且つ記憶力、推理力を衰へさせないやう特殊の對策を講ぜねばならぬ。此の方法としては本書前項に述べた彼の第一段法第二段法の實習が何より効果をもたらすものである。最後に於て實際的方法を說くとして、此處では以下順次に受驗準備中に護るべき、且つ心得べき注意事項の要點を指示して諸士の注意を促し、而して實行して頂くことにする。

(B)頭腦を明快にし、身心の平調を失はぬやう注意すること、此の目的に適する方法は、本書の法式練習と、適度の休息とより外に途はない。

(C)要點を捕へること。數百頁、數千頁の尨大なる書物にしても全文悉くが必要ではない。その中心、その要點を搜索し之を捕捉すれば、あとは常識で補つて充分立派な答案が書けるものである。即ち要點を捕へて其處に力を入れ、記憶を堅固にする勉强法は最も効果多く、そうして頭腦の經濟となる。

(D)試驗を忘れて勉强す。試驗は近づいた、今度こそ天下分目の關ケ原である。事いよ〳〵重大だなどゝ事大主義に捉はれて、徒らに精神を勞するやうでは却つて其の結果は悪くなる。虚心坦懷、平氣平意、試驗など眼中におかない餘裕と度胸が是非必要である。

(E)充分安眠すること。氣を揉み、心を奪はれて、恂々として恐れ、そのため夜の安眠さへ妨害されるやうでは、是れ又、良好なる成績を得ることは不可能である。安かにして深き睡眠を取るやう充分なる方策を廻らさねばならぬ。

二　試驗場に於ける注意事項

（A）試験場に入りては、ぐつと丹田に力を入れ、下腹に力を充滿し、雄大なる氣分を保持することが先づ第一に必要なる成功條件である。

（B）度胸を定め、心神を落付け、焦らず騒がず悠然として氣を鎭め、而して除ろに答案作製に取り掛る。斯くすれば自己の磨いた全能力を充分發揮なし得るものであつて、周章することは最も避くべきことである。

（C）出された問題を先づ呑んで掛り、しかも細心の注意を以て熟讀玩味し、その問はんとする中心を捕へ、此点に適合する答案を捜査し決定して筆を持つ。

（D）恐怖心を封じ、且つ最も回答しやすき問題より先に筆を取る。自分の自信なき点にのみ拘泥して、思ひ惱み徒らに時間を空費するは最も拙劣なる方法である。判つた所から、どん〳〵書き下すのが得策である。

（E）他人の批判に耳を貸さないこと。一つの試驗を濟ませて場外に出たときあの問題は斯う答へねばならぬなどゝ得意になつて話す者には一切耳を傾けてはならぬ。濟んだものに心を奪はれ、却つて次の課目の成績にまで影響せしめ多大の妨害となるからである。たゞ次のもの次のものにのみ全力を注いでゆけばそれでよい。過ぎ去りしものは最早どうでもよいのである。

三　成功秘法の實習法

今箇條書に列擧した注意事項が完全に行ひ得れば、如何に競爭烈しき試驗でも必ず合格することは請合である。然らば此の注意事項を現實に具体化し、必然的に体得して自己のものとするには、何うすればよいか、それには本書第三編に於て詳述した彼の作術を實行するのが、最も經捷にして有効である。以下其の方法につき最も重要なる点を羅列して説明する

(一)靈能發現法の第一段及び第二段法を、朝夕二回毎日之を實施する。然らば、腹力充滿して膽力すはり、血行旺盛となりて体力增加し、頭腦明快となりて記憶力を增大する。而して自然に現はれ來る宏大なる氣宇により、何事をも恐れず悠然として勉學し、泰然として試驗場に臨み得るに至るものである。

(二)第三編第一章、崇高にして雄大なる精神を確立する方法を繰返して玩味し之を實行する。此の方法を練習し、彼の宇宙の大心靈と融合すべき吾人の心靈の偉大さを悟れば、自ら神となりしが如き心地して、銳敏强烈なる精神活動が

誘起せられ困難な科目、難解の個所に突き當りても、よく快刀亂麻の切れ味を示し得るものである。

(三)就寢前には第二段法中の身体運動をなし、過激なる勉强によつて頭に集中せられたる血液を下腹に落し、貧血の狀態たらしめば、快き安眠をなすこゝが出來る。試驗準備中、及び受驗中の多忙なる際、特に此の安眠が必要である

(四)勉强に疲勞した頭腦を暫時轉換すれば、再びその明敏さを取戾すこゝが出來る。是れも頭腦經濟上、是非實行すべきもので、其れには第四段法の心靈光線の凝視法を實行して貰ひたい。此の方法を輕い氣分で、勉强に疲れたこき僅か十分間位實行すれば、精神は夢の如く幻の如く、しかも爽快こなり、まるで雲の上を行くが如き淡き輕き心地こなり、忽ちにして頭は輕く涼しくなり重なる疲勞もさつぱりこ拭ひ淸められるものである。

(五)更に「自分には何か宏大强力なる靈的援助がある」こゝ「他に勝れたる靈能力の存する」こゝを信じてゐて貰ひたい。此の氣分は遂に總てを征服し、其目的を成就せしむるのみならず、又事實に於ても何か靈的暗示のあるものである

應用七　異變に關する豫言法

一國の政治外交上の突發的變動に關して豫言をなし、或は天變地異に關し、或は社界上の大問題に關して、豫め是を前知し豫言し以つて災害の未到に能ふ限りの善後策を講ぜしめ、可及的是より受ける損害を尠なからしめるやう、周到な準備を致させる事が出來れば、實に是れこそ國家社會に對する非常な貢献と言はなければならぬ。

もとより一大異變と言ひ突發的災害といつても、事の既に起らんとする前には何等かの前兆のあるものである。災害が大きければ大きいだけ其の前兆は明瞭に、しかも長い以前より現はれてゐるものである。唯普通の感覺の所有者には幾ら明瞭な前兆であつても、一見隱れてゐて現はれず、しかも微妙に過ぎる時は到底是れを感得し得るものではない。其れ故災害は常に突發するものなり、との斷定を下して了ふに至つたのである。

彼の先般起つた關東の大異變の時にも、前々から色々な前兆があつた。千葉方面の海岸の潮汐が或は高く或は低く、干滿の度が不思議に强かつたのである。横濱附近の井水が諸所方々で枯渇した、相模灣では嘗て見た事のない魚群の集來があり、又澤山な死魚が海面に浮んだりした。是れを見た人々は是れは必ず何かの前兆であらうと恐しい豫感をしてゐたのであつた。

右の如く現實眼に見える前兆でも可なり明瞭なものが色々現はれるものであるが、更に第六感の感覺に於ては、かやうな異變突發の前には隨分强烈な豫感のあるものである。石崎師が彼の震災以前に作術する每に餘りに精神的壓迫や强烈な衝動を感じるので不思議に思ひ、更に是に向つて思念を凝した結果東京に一大異變の起る事を豫言された。つまり透視靈力でも持つてゐるやうな普通以上の感覺の所有者には是等の隱れた前兆が非常に明瞭に、早く感得するもので從つて豫言が出來ることになるのである。

政治上の異變即ち內閣更迭とか、戰爭勃發といふやうなことでも、やはり同樣であつて其れ等の周圍當局者の精神が動搖し緊張する狀態が、常よりも非常に强烈であるから自然靈感に依り感得されるものである。即ち幾ら突發的な戰爭と言つても、愈々一國と一國が干戈を交へることになる迄には可なり長い原因釀成期間があるもので、其の內に心靈術者には感得してしまひ明瞭に戰爭勃發を前知して豫言することが出來るのである。石崎師が先年犬養總理の身の上に異變の襲ひかゝるを豫言したのも、全く是等策動者の精神を感得して知り得たもので、更にずつと以前に寺內伯の身邊危険を豫知して電報を發し警戒せしめたのも、全く道理に於ては同じ形態であつた。

されど諸士が透視靈力を養成せられて此の大豫言を爲し得るに至るまでには、實は相當長い年月を要するものであつて、微妙な前兆にも强烈に感じるやうな妙諦の域に進むまでには可なりの修養を要するものである。人の持物を言ひ的てる位ゐの程度ならば大抵出來るやうになるが此の大豫言可能の域まで進むことは其人の天質によつて不可能の場合もあるから、是れは致し方がないとしなければならぬ。殊に政治外交の異變、或は天變地異等に關する豫言はよほど確信のある場合以外は濫りに發表は出來ない是等の豫言の的中した場合はよいが一朝不的中に終つたときは、社會の人心を徒らに動搖せしめ、無稽の流言を發して人を迷はせ、心配せしめたと言ふことになつて大きな罪を作るからである。されば諸士が今後修養に修養を重ねて此の域まで進んだとしても、此の點は重々心懸け決して輕卒なる發表をなさぬやう充分の注意が肝要である。

さて大豫言を爲す迄には果して靈的には如何樣に感じて來るものであるか一通り說明する。

先づ大災害等の起る前になつて來ると作術する每に精神上に何か平常感じない壓迫が感ぜられるやうになる、何度作術して見ても何うも一種の壓痛が感じられる。それに氣付く事が大豫言の第一前提である。其れから此の壓痛に向つて其の原因を探究するが如き心持で度々作術する、そうして日數を重ねてゐる間に災害の狀形が、ふこ彷彿こして眼前に現はれるに至るものである。石崎師の東京災害を感得した時の狀態は、やはり最初此の壓痛を度々感じ遂に東京が一眸千里の平野になつた形が出現されたのであつた。之を聞いた人々は、夫れでは戰爭でも起つて飛行機の爆彈に依り大火災でも起して其んな狀態になつて了ふのでもあらうか、困つたことだと思つたのであつた。當時師自らも地震といふことには氣が付かなかつたのである。地震に依つて斯うなるとまで豫言出來れば立派なものであつたが、其の原因は判らず、たゞ荒れ果てた結果丈けが見えたのであつた。

而し此んな事は若し不的中の場合は人騷がせをするのみで非常な罪であるから僅か近親の人々に發表したに過ぎなかつたのであつた。けれども是れが地震に依つて斯々と明瞭に發表され、災害前に善後策を講ぜしめるやうな大術者が出現したならば彼の被服廠跡の大慘事も免れたことであつたらう、此の意味に於て偉大なる豫言者は一國の國寶であり社會の救主である。諸士の内に於て假令一人でも此の域まで進み國家社會を裨益する底の大術者の出現せん事を切に希望する次第である。

◈

更に終りに臨み心靈學研究者としての態度に就いて一言したい。

由來心靈學を研究した世の人は未だ未熟の學力技術を以つて大膽にも種々の

豫言を發表したがるものである。亦少しでも普通人以外の能力が出て事象の幾分を感得するやうになると、そうした態度に出度いのが普通であり人情であるけれど是れは固く注意して決して輕卒な態度をしてはならぬ。柔道の習ひかけには克く人さへ見ると其の胸を取つて倒し度くて堪らぬもので、却つて是れが仇となつて人の怒りを買ひ、相手を傷けたり自分が負傷したりするやうな不結果に終るものである。是れと同じで少し位ゐの透視が出來るのを自慢して手も及ばぬ大問題に口を出し、出鱈目な事を發表して却つて人を迷はせ、不安を與へ、而も其結果の不的中を發見された場合は遂に術の不完全を罵らるゝのみならず、自己の人格さへも傷つけ惹いては一般心靈研究者の面上に汚泥を塗布するが如き不都合なる結果を招くものであるから、此の點は充分注意を拂つて貰ひたいのである。

以上の諸點を充分自覺して本術を研究練磨せられ一刻も早く本術を体得し併せて身体の强健と精神の健全を獲得し、心靈學研究者としての人格と氣品を保つやう心懸けられん事を終に臨んで特に切望する次第である。

◈グラッドストーン曰く
現今世界に於て何事を惜いても先づ
必要なる仕事は心靈學の研究なり
◈古昔ソロモン曰く
學者の疑惑こ野人の
驚嘆は同一事なり

◇石崎師透視應用の一例

石崎師が過去二十五箇年間に亘つて、透視靈能を利用し大小種々の豫言や奇蹟を表現した實例は、その數幾百なるを知らず、到底一ち一ち之を枚擧紹介するに遑はないが、そのうち公に關して事蹟を現はしたものだけを此處に摘出し諸士の參考に供することゝする

一、寺內伯の危急を報じ警戒せしむ。　大正七年當時朝鮮總督であつた寺內伯の身邊近く暗殺團の近よるを靈感して、警戒の爲め電報を發した。是れに就いて大阪の新聞には左の如き記事が掲載せられた。

廟堂にありては一國の大政を策し、劔を執つては三軍を叱咤する一世の豪雄寺內將軍も、病苦は

之を征服すること能はず空しく床上に苦吟し、天下の名醫珍藥に其の運命を託して、只管全快を期して居つた際、一日一葉の電報が舞込んだ。其れを見た家人や親近の者一同は、恐ろしいショックに震へ上り、その狼狽を將軍に秘して内々警視廳や憲兵隊に電話を掛けるやら、俄に邸内は只事ならぬ空氣に掩はれた。

其の夜、伯邸の門邊を警戒してゐた巡視の一人は、暗夜に紛れて高い塀を乘り越そうとする怪漢に組付いて難なく之を捕縛した、其れは若しやと思つた〇〇人で勿論危險物を携帶して居つた。そんなに自分を狙ふ怪漢が身邊近く迫つて來て居らうとは本人の將軍は知らなかつた。家人は暗殺團潜入の噂が事實に現はれて來たことを絶對に秘し、警備を愈々嚴にして看護に盡したけれど其の甲斐も無く將軍はその後十日も經たぬうちに空しく白玉樓中の客となつてしまつた。

一方其の筋の探査の手は怪漢捕縛の日の朝、何方よりとも無く舞込んだ電報の發信人に向つて進められたが、其れは暗殺團の示威的手段にしては其の目的と矛盾するし、好意ある者の警戒なれば何處にか心懸りがあらねばならぬのであるが、其れも見當がつかぬ。電文はまるで暗示であつた唯『テラウチハクシンペンキケン』とある。朝鮮總督であつた將軍が伊藤公の如く不逞な〇人に狙はれると云ふことは有りそうな事で、内々暗殺團の活動有りと聞いて用心してゐた矢先であるから此の電報に吃驚したのは當然である。

此の頃一人の心靈學者が東京から大阪へ來て居つた。一日彼は世の人々の不思議とする靈魂の奇しき現象に就いて語つてゐた席上、俄かに激しい精神の靈的發動に陷り、豫感したのは寺内將軍の身邊に迫つた凶氣である。彼は直ちに斯ゝる國家の功勞者の危險をせめて其の周圍の人々にでも知らせずには措かれなかつた。其れが此の問題の電報となつて現れたと云ふことは後で判つたことである。云々

二、山〇〇犯罪透視　山〇〇の殺人事件に關し、透視したる事蹟につき後日掲載された新聞記事の一節左の如し。

山〇〇と云へば信〇〇の慘事で一世を戰慄せしめた問題だが、是れは最初共犯者の渡〇〇學士が主犯となつてゐた。然るに心靈學者石崎輝峯氏が川西檢事正宅に於て氏自らの自己靈媒を爲し、之れに憑依した山〇〇に依つて一切の陳述がなされた其の結果、是れ迄の豫審調書は悉く覆され、流石に迷宮に入つてゐた此の問題も速かに裁かれる道を得た。云々

三、警視廳に於ける犯罪透視實驗。警視廳山田警視の依賴に應じ、數多官權立會の上、或る犯罪上重要なる鑑定をなす。

四、東京吳服橋、鹽水製糖會社樓上に於ける靈能實驗會。東京鹽水製糖會社樓上に於て、石崎師の靈能實驗會を時々開催し、幾多の奇蹟を靈現し其の席上に參列せられた高橋男爵、牧野子爵、元鹽水製糖會社專務、藤崎三郎助氏始め、並居る諸名士孰れも其の幽玄なる靈術に驚嘆せ

られたり。

五、東京神田橋詰和强樂堂にて　時々例會を開き一般に透視術の實驗を行ひ、諸種の奇蹟を示現公開せり。

六、海底透視。大正九年房洲沖にて金塊二十萬圓を積載せる汽船沈没せし時、其の海底に於ける沈没場所を透覺指摘して之を引揚げしむ。

七、大正九年三月財界物價の大反動大暴落　を大正八年十二月に豫言せり。

新聞記事の一節摘錄。

石崎師の爲せる念寫、透覺、透視、豫言及病氣に對する靈的治療の生きたる例は澤山持合せてゐるから一々紹介する煩に堪へぬが、國際問題では政府の命を受けたることがあり、病氣治療では寺崎廣業畫伯其他に施療をなし居り、豫言中相場なども よく的中し、東京兜町の大仲買人から麻布の神樣(當時麻布に住居)と敬はれてゐる。とにかく師の心靈作用は學者の實驗を屢々受けた、謂はゞ檢定濟で其の說く所、及び說かんとする目的が、人助けであり社會貢獻にあることは信用するに足ると言へやう。云々

八、政治豫言　大正十一年六月高橋內閣瓦解し加藤友三郎子に內閣組織の大命降下を豫言し多くの人士を驚異せしむ。

九、東京大異變を豫言　大正十二年七月ふと師の靈感に激しき衝動が起り、近く東京に一大異變の突發することを豫言せり。

一〇、疾病治療　寺崎畵伯外、名士多數の疾病治療に盡して偉効を奏したり。その他、當院關係者近親の者等に施術實驗をなし、虚弱なりしものを强壯にし、物事を常に悲觀する小膽物を悠然と落付きのある人間たらしめ、學業の成績劣惡なりしものを優等兒となしたるが如き、種々の實驗効果を表現せり。

一一、昭和二年三月。財界の動搖及び若槻内閣の引退を靈感し、友人及び當院關係者に發表す。

一二、昭和七年四月。犬養内閣に近く異變勃發なすことを感知し院事務所に於て之を發表す。

その他鑛脈透視、相場透視、失踪者の發見、小さき透視透覺の實驗等、種々の事蹟あれども繁雜なれば省略す。

★會員の練習經過、及び實驗報告の例

本秘法を修練したる會員よりの報告一例を左に掲げて諸士の參考に供し、併せて今より實習にとりかゝるべき新會員諸君の確信樹立の資料としやう。

猶ほ以下掲載する所のものは何れも眞劍熱烈なる長文なるも、到底その全文を掲ぐる餘白なきため、大体意のある所を摘出載錄せり。

一、文字透視

岐阜市、國民實科大學法院支局　駒澤大三郎

秘傳書御送附下され早速修練開始しましてから四週間、只今では文字及び物品の透視漸く適確となりました。練習を始めて三週間目頃、作術中にふと秘法書中或る部分が明かに映じましたときから、文字透視の實驗が出來るやうになりました。其の後二人の子供に一つづゝ物を持たせ暗き別室に一所に立たせておきましたが、不思議にも一人の子の持ちたる置時計、他の子供の持ちたる鳥籠が明かに見ゑ、なほその子供の顔までが見ゑました。

今後尙も連續習練するに從ひ面白い奇蹟を現はし得ることを期待しつゝ、修養致しております。先は御禮旁々右略報申上げた次第です。

二、靈力治療術の實驗

愛知縣、丈山町　飯田　吾城

靈能秘書に基き大なる確信を持ちて習練相始め候處、廿日許りにして靈能出現致し候、早速病者に試驗せんと豫て近隣にヒステリーを病む婦人と神經衰弱にて惱む青年とに施術致候處、前者は七回、後者は九回にして術の効驗現はれ、病苦は去り多年の苦惱を一掃するを得たりとて、二人は無上に喜び居候斯の如き好結果を得たるは實に手を取りて敎ふる如き靈書の賜にして、かゝる貴重なる大靈術を、惜しげもなく開放せられたる師の大膽宏放には驚かざるを得ざる次第に御座候先は御禮まで　敬　具

三、感應道交の實驗

名古屋市文學士　藤田　憲二

眞摯なる態度を以て精神界の覺醒善導に盡瘁せらるゝこと獨り吾が學界のみならず邦家社界のためにも感謝の至りに堪へざる次第に御座候、宇生今日まで Spiritualism に關する内外の參考書を數多讀破仕候も、多くは客觀的、抽象的乃至は學說の評論のみ多く隔靴掻痒の憾み深かりしも、本書の如くコンデンスされたるヱッセンスに觸れ候事は始めてに候、如何なる著書も結局直裁剴切なる貴書によりて結論を得候やうな譯にて、求むる所を遂に得たる次第、これ又此處に感謝仕候……此の後に感應道交の實驗數種、約二十五頁の詳細なる報告なり。

四、相場透視に對する禮

謹啓春寒猶嚴しく候折柄先生には筆研愈々淸適御精進の段奉大賀候、陳者先日來色々と御面倒なる儀御願申上恐縮に奉存候、去る一月廿一日付貴書を以て東新株の動向御豫言に預り全く貴鑑の通り變化し來り御蔭様にて莫大なるべき損失を極めて僅少にて相濟み候段殊に悅ばしく芳心千萬奉鳴謝候……

高野山　川上鑑峰

五、修練經過報告

大阪市港區吾妻町　三上正之助

謹啓貴院會長殿を始め諸先生には益々御淸祥之段奉賀候、過日御配附に預り候秘法書により極力修業仕り候處思はざる好成績を擧ぐるを得悅びに堪へ不申候、左にその成績の大要を御報告申上候

第一日　秘傳書を熟讀す

第二、三日　右同様、術法通りの型を調査研究す

第四日　始めて第一段法を朝夕夜、三回各三十分間づゝ修練す、修練中頭痛を感じ、腹鳴りの音きこ

ねたり
第五日　朝、夜二回、各二十分づゝ第一段法を習練す。頭痛は感ぜず
第六日　本法修練以來、心中に或る雄大なる力の加はりしを感じ、習練後は安眠熟睡することが出來
　心身の調子次第に良好となる。
第七日　第二段法に移る。但し指頭の顫動は見ねざるも、瞑目の彼方に淡白き光が現はる
第八日　充分の確信を以て習練す
第十日　息を下腹部に落し力のこもりたる時より不思議に合掌のまゝ手の振動するを覺ゆ
第十一日　合掌の指頭に熱を感じ、上半身が一種の電氣にでも感じ居るが如く、何ともいへぬ爽快味
　の漲り來るを覺ゆ
第十四日　合掌の指頭が今度は風でも吹き出るが如く、すう〳〵と一種の涼しさを感じ、瞑目の彼方
　は幾分明るさを增し、身は空中に浮き上りたるが如き快よき夢心地となる。昨今は夜のみ約
　三十分間づゝ修練す。
第十五日　本日より第三段法に移り、閉目の彼方の稍強く光る部分を捕捉するに努力す。
第二十日　淡白き場面となりその中の一光体が逃げ失せず、しばらくは止まりて之を凝視することを
　得、但し間もなく消失す、修練中は心氣悠陽として常の自分とは全然別人の感あり、
第二十三日　黒雲、白雲靜まりて白光場面を臨みたり、本術習練後、再び作術し、試みに靈力命令を

試み妹に對し此の部屋に來れと強く念じ、一心に作術す此の間約十分間、更に休憩後又同様の實驗開始せる所、後の襖を靜かに開きて何人か入り來るを感じ、ふと見れば妹なり、偶然か否かは知らざれども甚だ不思議なりき、

第二十五日　作術練習約三十分、その後妹を相手として種々實驗す。小刀、鋏、糸巻、鉛筆、盃、筆等を持ち出し、私はタオルにて眼を縛り、妹の手に持ちたる品を透視す。白光場面中にて他の光が色々と變化すれど形をなさず。明瞭なる結果を得ず。たゞ何となく盃と感じ之を發表し、又たゞ何となく、糸巻を感じて之を發表するが如き方法を用ゐたるも十回程のうち適中するもの僅かに三回なりき。

第三十一日　妹が文字を書きその紙を封筒に入れて小生の前に差出す。今夜は電燈を消し暗室として之を實驗すべく作術に努力す。未だ白光体が形をなさず心急きたるも明瞭に現はれず

第三十四日　過日、妹の作りし封筒を前にして作術し、初めて明かに玉といふ文字が映じ、妹を呼び發表し開封す果して玉なりき、文字透視の實驗本日初めて出來たり。

その後、實驗物を種々作り目下大なる興味と期待とを以て修練しつゝあり、但し此の頃では隔日位に約四十分程度の練習をなす。

右の修練により期せずして受けたる効果あり

一、小生鼻疾にて過去六ケ年惱みつゞけ、色々手當をなしたるも効果充分ならざりしに、本術修練の結果、いつしか鼻疾は忘れたるが如く平癒し、獨り小生のみならず家族一同も大悦びにて如何に

も不思議なりと言ひ居れり。

二、小生、生來神經質にて時々不眠症に苦しみ困りゐたるが本法練習以來、長夜熟睡することを得て翌朝起床のときは又心氣爽快なり。

三、一種偉大なる力を得たる心地して、目上の人に對しても今まで程の壓迫畏怖を感ぜず、元氣よく仕事に從事することを得るに至れり。

右御報告旁々小生の悦びを披瀝し厚く御禮申上ぐる次第に御座候

六、艦上の習練　呉　軍艦勝力　森○勇

前略。過日貴地上陸の際は御邪魔仕り種々御高説を拜聽致し候段奉深謝候。さて其の節頂載仕り候秘書により非常なる確信を得、艦内多忙にて意に委せず候へ共、愈々修練に取りかゝれば熱心に之を致し候結果、七日目の作術にて白光塲面出現し合掌の震動烈しく更に特殊の感能力を得、靈能の第一歩は案外早く現はれ候事誠に喜ばしく、こゝに報告旁々御禮申上候。昨夜も艦内の僚友を代る〳〵小生の閉目せる前に立たせて、その誰なるかを感じ發表實驗仕り、よく適中仕候事に自分ながら不思議に思はれ候云々

七、治病及び豫言　岩手縣梁川村　富田忠作

貴院御一同樣には定めし御健勝の事と拜察奉慶賀候。先般御送附相成候靈能書に基き習練の結果愉快なる靈動作用を体得仕り當村吉村憲次郎氏が既に某院竹○博士た見放され候脊髓炎に對し熱心に作術仕り

候處、全く奇蹟と申すべきか次第に快方に向ひ現在にては既に床拂を致すまでに快癒仕候實例の外、治病の効を擧げたるもの十幾人に達し、これが附近に知れ渡り依賴者續出し却つて困却致し居る實狀に御座候。

又一月十六日岩手縣梁川村、盛岡派出所附近の或る家にて五十圓の金子行衞不明となりたる時、作術によつて事實を知り之を窃に發表したる所、有志の活動となり遂に犯人は自白するの已むなきに至り申候猶盛岡市東方中野村軍人會の一名重病となりたるとき、作術をなし到底再起不可能なること、又臨終の時刻さへ感じ之を死亡の前日軍人會長及び消防組へ通知し手配を致さしめ候處、適中し是等の人々も驚嘆致し候、右御報告と共に貴院の功德の宏大なるを今更痛感致し一言謝辭を呈し度如斯に御座候敬具

七、透視靈能學に志したる經路及び修行經過報告

徳島　中谷國觀

自家は祖先より禪宗の門徒にして、幼年の頃より時々禪派寺院に遊びたるが高等小學校三學年の時偶々本山妙心寺特派布敎師の禪學に關する說敎を聽聞して痛く感ずる所あり禪學の精神修養上、寔に缺くべからざるを悟り禪師に就き學生時代と雖も專ら怠ることなく修學今日に及びたるものに御座候。

其の後吾人の靈は、遂に森羅萬象に相通じ得べき信念を悟得し、律然正確なる方法を以て透視靈能學を修養致したく思ひ居候折柄、天祐なる哉貴書を拜受するを得て、懸命に修行致候處左の如き好結果を得るに至り候依て其の經過の一端乍粗書御報告申上候

十一月十一日より月末迄の經過左の如くに御座候

十一月十一日　透視修練の準備行爲として秘法書を熟讀す

十一月十二日　午前五時三十分起床先づ冷水を以て身心を淨め、直ちに衣服を改め畏くも明治大帝の御神像額前に端座し、神明に契ひ以て成功の速かならんことを祈願し、靜かに瞑目數分間にして呼吸調整を成し、直ちに第二法式を併行約二十分程經過したりと覺しき頃、胸部に苦痛を感ずること數分間にて又平靜に歸す。身体に何等の異狀なし、小憩の後、四國三郎の稱ある長流吉野川の畔を逍遙せり、心氣悠陽として爽かなり

午後六時より　八時まで秘書熟讀、午前十時より十一時三十分まで再び修練をなす、方法は午前中と同じ身体には何等の異狀なし

十三日—十八日　二段法より三段法に進み朝夕二回の修練を怠らず

十一月十九日　午前五時起床、直ちに齊戒沐浴身心を淸め、神前に禮拜して端座瞑目、信念を凝しつつ修練開始、約十五分間にして頭部の壓迫及び胸部に壓痛の感ずること數分間にて後、俄かに壯快を感ずるに至ると同時に自我を離れたるの感起り、明月に等しき塲面顯れ、何處よりとなく金光燦然たる一條天空に昇るを觀る。我に歸りし後は非常に身心の疲勞を感じ作術を止む。

午後七時より再び習練開始す、直ちに從來嘗て覺えざりし無我境に入るを得、今東京に居住する友人の姿を望み、或は家庭上の問題の難なく解消せるなどを感ず

十一月二十日、午前五時起床淨身、直ちに大瀧山に登り各法式を習練なしたるに身心爽快にして神域

に在る感あり

午後七時より男女七名を招待して人心觀破及び物品の透視實驗を行ひたるに、人心觀破五名共、悉く的中物品透視六回中、四回的中せり人々神靈感能の微妙なるに驚嘆せり

十一月二十一日　午前五時起床後習練す。本日靑年會の集會日なるを以て出張して午前九時より人心觀破及び物品透視、各三回作術なしたるに悉く的中せり會員一同靈能力の奇蹟に感嘆せり。

十一月二十五日　大瀧山に登り習練す、午後少しく頭痛を感じたるに付休養のため就寢す。午後三時より來訪者三名あり、其の中一名の者の過去五ケ年間中、主なる出來事を透覺したる處、大小共に的中せるには皆々非常に驚きたり。

十一月二十八日　午前五時より習練に取り掛る。靈能の更に加はり來れるを感ず、心身至つて强健なり。午後の作術中近親に不幸あるを豫感す。果せる哉、其後四時間にして叔母死亡の訃報に接し家族の者一同靈能の働きの不可思議なるに驚き、氣味惡しと言ふ。

十一月二十九日　來客の希望により人心觀破の實驗をなす。午後七時より小學兒童六名を集め物品透視の實驗をなし悉く的中せり

十一月三十日　午後三人の來訪者あり學校の敎員なりしが、本日生徒より聞きたれば其の實驗を拜見せんものと訪れたり。とのことなり未熟の故を以て辞退すれども聞入れず。遂に人心觀破及び過去の出來事、並に物品透視の實驗をなしたるに、何れも的中せるを以て其の神秘的靈能作用の不思議に喫驚せ

られたり

●普通狀態に於ける靈能の發動

一度、靈能發現法が可能となれば、普通狀態に於ても屢々、靈能の發動する場合がある。俗に蟲が知らせるといふのは此の事である。此の例は少し古いが『變態心理』に掲載せられた、岐阜、熊澤氏の實驗例の一つを左に御紹介する。

私の實例――或る夜兵營の傍を歩いてゐた、ふと心に『今夜は岐阜に火事がある』と感じた。岐阜へ歸つて人の顏を見る毎に『今夜は當市に火事があります』と言つて置いた。すると其夜十二時頃、安良田町に火事があつた。

第二例――九月の十二日頃だと覺えてゐるが小生が電車に乘つてゐると、眼前に海が現はれ汽船が沈沒してゐる景色がふと見えた。同時に宮崎丸と頭に浮んだ。之も皆の人に語つておいた。三四日後の新聞に、私の見た日と同時刻に宮崎丸は地中海で沈沒した事が書かれた。

第三例――先日自宅で軸物が判らぬことがあつた。父は千里眼で見て呉れと云つた。私は其の場ですぐ、其の軸は支那鞄の中にあると答へた。既に其處は家人が調べた所であつたが、再び支那鞄の中を捜すと、私の言の通り其中にあつた。勿論軸が常に其鞄の中に入れてある事すら私は知らないのである。

潛在精神は實に靈妙不可思議のもので、私の實地經驗せし中にも、神秘なる事が多くあつた。凡て內心の命するまゝに行動すると物事が非常に好都合に運ぶことが出來た。　以上

透視靈能秘法書　終

昭和十二年十月五日印刷
昭和十二年十月十日發行

(非賣品)

(當院會員に配付す
不許會員外閲讀)

大阪市住吉區阪南町中二丁目
印度哲學院事務所内
主唱兼講述者　石崎輝峯

右仝所
發行兼印刷人　久重紫峰

大阪市北區曾根崎上一丁目一
印刷所　曾根崎精版印刷所

大阪市住吉區阪南町中二丁目
發行所　印度哲學院事務所

透視霊能秘法書

平成十三年三月　五　日　復刻版初刷発行
令和　五　年五月三十一日　復刻版第七刷発行

著　者　石崎輝峯

発行所　八幡書店
東京都品川区平塚二－一－十六
KKビル五階
電話　〇三（三七八五）〇八八一
振替　〇〇一八〇－一－四七二七六三

ISBN978-4-89350-298-8 C0014 ¥2800E